幸福. CONTENT |目錄
早放手

幸福 別放手

〔推薦序〕

青春飛揚 幸福光照

知名暢銷書作家　吳錦珠

　　人生最大的幸福，就是確信有人愛你，有人因為你是你而愛你；或更確切的說，儘管你是你，有人仍然愛你。——法國名作家雨果

　　不要指著月亮起誓，它是變化無常的，每個月都有盈虧圓缺；你要是指著它起誓，也許你的愛情也會像它一樣無常。——英國大文豪莎士比亞

　　太陽是幸福的，因為它光芒四照；海也是幸福的，因為它反射著太陽歡樂的光芒。——蘇聯名作家高爾基

　　以愛情與幸福為題著作的《幸福 別放手》，兩位新銳作家氣宇軒昂的政鎮 Steven、才貌雙全的南如 Nana 攜手合作。花了兩整年的時間，無數次的溝通磨合、集思廣益、引經據典、實戰豐富、嘔心瀝血、娓娓道來……

　　愛情是一朵生長在懸崖邊的花，要想採摘它必須有勇氣。追求幸福的過程，總有一層淡薄憂傷，男女交往中，難免會有嫉妒、疑慮、戲劇性的變化。

　　溫柔婉約活潑可愛、秀外慧中楚楚動人、天生麗質明眸皓齒、巧笑倩兮美目盼兮的南如 Nana，是諸多富二代爭

相追求的大美人。孰知外貌光鮮亮麗的她，曾是一個憂鬱症患者，在長達近六年飽受憂鬱症所苦的她，每天都想著要自殺！

如今珍視生命勇敢堅強，自信滿滿才華洋溢，善良誠信愛心滿溢，發揮所長領導力強，每天都活得健康快樂！

一表人才風度翩翩、溫文儒雅清新俊逸、文質彬彬博學多聞、談吐高雅自信帥氣的政鎮 Steven，從小是個乖寶寶。自稱個性內向靦腆害羞，不善言辭不會交際。高中念男校，用功讀書不重形象，曾經胖到 73 公斤。看到心儀的女生，還會臉紅低頭心跳加速的他，直到 22 歲那年才初戀。

Steven 跟 Nana 在情場上，跟多數人一樣，都是愛得深、付出多，卻未必能愛得幸福。因為男女雙方畢竟是來自不同家庭，有不一樣的個性、習慣、理念、嗜好、價值觀。

Steven 從事愛情顧問多年，輔導過很多在情場失意，奢望幸福的男女，獲得理想中的情人跟幸福。Nana 開誠佈公自己憂鬱的青春歲月，美麗浪漫又有淡淡迷離的愛情故事。小美教練特別強調保持適當運動，維持身心靈健康，更易得到幸福人生。

俄國名哲學家列夫‧托爾斯泰說：幸福的關鍵不在於你們有多合得來，而在於你們如何處理彼此的合不來。

《幸福 別放手》字裏行間，以愛分享在對的時間，遇見對的人，是一生的幸福。

〔推薦序〕

戀愛學分你我一起學

贏得形象顧問聯盟主席資深形象管理專家　李昀

　　多年來開設專業形象管理弟子班，男性學員一直是極少數，政鎮便是其中之一。大部分學員畢業後都成為形象顧問，在社會上算是較稀有的行業，當得知這位男弟子，竟然從事更罕見的兩性顧問，第一個反應是「哇！好有 Guts！」

　　27 年前我放棄大學教職，選擇一條沒有人走過的路，成為海峽兩岸第一位形象顧問，箇中甘苦五味雜陳。因此格外佩服政鎮知其不易為而為之的勇氣，趁著年輕，就是該放手一搏！

　　至於兩性顧問，這個乍聽之下，甚至有些懷疑其正當性的行業，是否真有這樣的需求與市場？細細想來其實是肯定的。修身齊家治國平天下，乃人生四大階段性目標，為達到齊家必先戀後婚。但許多年輕人的戀愛學分是在跌

跌撞撞、鼻青臉腫後才勉強及格，也有人一再重修卻最終難逃死當，婚姻大事硬是在蹉跎中擱置。

戀愛這門學校不曾開過的課程，終於盼到了有著切膚之痛，且自學成才的政鎮，秉持嚴謹態度全情投入。憑著經驗，他知道吸引力取決於個人形象，於是立刻拜師學藝，並將形象管理 ABC（Appearance 服裝儀容，Behavior 行為禮儀，Communication 溝通技巧）全方位學以致用。得知他將所學應用在協助宅男提升戀愛智商，進而創造美好姻緣，我特別感到驕傲！

畢竟一直以來，形象顧問大多服務於政界與商務人士，政鎮開拓了兩性顧問這條路，為贏得形象、贏得成功之外，見證了贏得形象、贏得幸福，美滿人生的真理。

〔推薦序〕

趕快談戀愛吧！

歌手、導演　金志遙 Jin（林大晉）

什麼……Nana 要出書了？

而且是講兩性的？是寫關於愛情的題材，我真的沒有看錯吧？！我認識 Nana 好多好多年，她是一個大刺刺的可愛女生，Nana 有個非常吸引人的特質，就是一股堅持的力量，滿滿正能量朝著自己的夢想前進！懂生活、愛自己，向來都把自己保持的很好，是個精緻的女人。在感情裡也很認真、謹慎、低調。

如今成為兩性作家，大談愛情，分享對人生、愛情的看法。在這邊推薦《幸福 別放手》給所有朋友，你們真的別鬧了，趕快談戀愛吧！

〔推薦序〕

活在愛的世界裡

全亞洲 No.1 教育培訓機構佳興成長營創辦人　黃佳興

「知識可以改變命運，學習可以創造人生。」任何的事情，絕對不要自己摸索，而是要找到有經驗值的人，來協助我們生命更加精彩。

健康上可以學習，在事業上、在能力上可以學習，在愛情上當然也是需要學習的，絕對不要自己摸索。透過此書中精闢的分析，可以學習到男人、女人分別的心態，學著如何去調整自己，或是了解異性的思維、邏輯，這是很有趣的。相信當你用心去思考、沈澱，一定會從此書裡，得到許多啟發與收穫，讓您的愛情世界更豐富精彩！

如何把愛釋放出來？如何用最好的方式，跟另一半有良好的互動？在情感的世界裡，如何避免受傷？如何吸引異性及如何創造幸福家庭生活？本書都提供專業且具體的答案。

此書實在是太有意思了，透過兩位作者的親身體驗及

〔推薦序〕活在愛的世界裡

幸福　別放手

人生歷練，終於寫下了這一本「愛情實戰教科書」，我在這裡大力推薦《幸福 別放手》！

　　人類三大關係：跟自己的關係，跟家人愛人的關係，跟世界的關係。

　　愛是一切的答案，而愛自己是一切的根本。

　　期待透過《幸福 別放手》這本書的引導，幫助更多人可以找到生命中的真愛，用情感跟自己對話，用愛跟最愛的人對話，用幸福跟這個世界對話，有我的地方就有愛。

　　祝福所有人，一輩子都活在愛的世界裡。

〔推薦序〕

跟專家學少走冤枉路

時間男人創辦人 焦家祥（Wesley）

爸爸是職業軍人，從小便受到嚴苛管教。當時的我，非常叛逆，沒有自由，自然也就沒什麼朋友，也不擅長讀書，那時認為自己很失敗，身上總是滿滿負面能量！

大學因為開始主動認識女生，至此開始，總是不斷被拒絕、被強烈拒絕、被冷落、或是被發好人卡等。大約十幾年後，我才發現愛情這個課題真的需要找專家。

我跟 Steven（解政鎮）是在網路上認識的，發現跟他有許多理念契合的地方。而我自己回憶從小一路走來的人際狀況，不管是同性或異性的相處，都非常糟糕。如果能早點遇到專家，不知道能替我省去多少煩惱！就更能專注在自己的事業上，術業有專攻，我相信 Steven 的使命感，能教育我們如何調整到最好的狀態，完成更多人的幸福，就讓我們用心的閱讀《幸福 別放手》這本好書吧！

幸
福
別
放
手

〔推薦序〕

幸福的使者

新竹市議員　鄭正鈐

　　我跟 Steven（解政鍈）是在 ASIA-FM 樂活亞太的節目中認識，那是我第一次認識到「愛情顧問」這個行業。過去當了這麼多年記者，還沒想過可以有人把它當作一個行業來做，還能做到有機會來電台受訪，當時是由我親自訪問他。

　　我對於這個行業有諸多的好奇，每一個人都是一個獨立的個體，真的透過課程可以改變一個人的本質，還可以協助他找到幸福？但觀察了 Steven 這些年的時間，他確實做到了，而且公司還一直不停的擴展，學員的人數也一直增加當中，非常不簡單。台灣這些年大家都忙於自己的工作，單身比重越來越高，從這個角度來看，我非常支持「愛情顧問」這個行業。

　　過去有很多平台是單純做媒合的，確實讓很多人找到幸福的歸屬。但這個行業是針對吸引人的特質去做強化，從根本提升一個人的形象及能力，這樣更能讓異性去產生好的感覺，也能提高在一起或是結婚的結果，這更能解決單身的根本問題。強力推薦《幸福 別放手》！

〔推薦序〕

胖宅男變身之路

相親銀行秘書長　盧麗萍

　　認識 Steven（解政鎮），始於一通毛遂自薦的電話，由於習慣照顧年輕人的本性，加上對於性質接近的服務產業產生好奇心，於是我邀約這位年輕人前來參觀會面。Steven 認真，有耐心，非常具有自信的魅力。

　　上課時，可以從他眼神中感受到發自內心的分享熱情！當學員發問問題時，Steven 總能給予適切的方向與建議，不僅言之有物，更是言之鑿鑿。

　　再加上 Steven 本身就是一個極具說服力的成功案例，「從胖胖宅男蛻變成應對大方的型男進而創業，成為戀愛顧問……」書中內容是上課的濃縮版精華，豐富扎實，誠摯向您推薦《幸福 別放手》！

幸
福
別
放
手

〔推薦序〕

自信是通往幸福的鑰匙

健身教練　Anderson

　　我想應該沒有任何人能夠比 Steven（解政鎮），更能夠了解兩性這門學問。這些年來我也經過許多感情，而不論感情好與壞，其實都只能自己摸索箇中的道理。

　　我跟 Steven 是朋友推薦認識的，那時我跟女友有些爭執，處於快分手的狀態，於是請他協助我與女友之間的溝通，聽完才發現，原來還真有戰術的，從此以後對於「兩性顧問」這份職業更是感到十分尊敬與崇拜。

　　某次我與 Steven 一同出席某知名珠寶展，當天現場的女人可全都是名媛等級，一般人在這樣的社交場合，應該會非常的不知所措？但 Steven 一出手，兩位目測身高 180 公分的名媛，已經和他談笑風生了，到底他說了什麼？又為什麼可以這麼厲害？我想各位只能從本書中找到答案了！不過，這本書其實並不是要說兩性顧問多麼會把妹，

而是要分享一個自信人生的觀念，「觀念」通了，你的愛情與自信也通了。

　　所以如果你過往在感情中，一直沒得到想要的結果，或者是你／妳有男女朋友相處問題，又或是追求另一半的問題，我大力推薦一定要細細體會《幸福　別放手》這本書的箇中道理。

幸福　別放手

〔作者序〕

談戀愛　有人教真好

Lavino 形象 / 愛情顧問創辦人　解政鎮（Steven）

　　很高興透過《幸福　別放手》來讓您認識我，會寫這本書的原因主要是我們發現大部份的學問都有人教，但惟有愛情的相處、觀念這件事，沒有人能很精準的告訴我們應該怎麼做？所以大部份的人，在第一次面對感情時，往往非常無助。

　　尤其是當對一個人非常非常喜歡，但又不知該如何讓對方喜歡上自己時；那種內心的無助與壓力，尤其讓人崩潰！但如果有一本書，能清楚的告訴您應該怎麼做及如何調整心態的話，就可以讓您在最短的時間得到理想的愛情！

　　《幸福　別放手》這本書透過我們三位作者自己在人生／愛情中走過、痛過的過程，分享給您。希望您在看完這本書之後，可以過得比我們更好，得到自己滿意的人生與愛情，少走許多的冤枉路！

　　本書能專業精緻出版，特別感謝知名暢銷書作家吳錦珠老師，傾囊相授無私奉獻，熱心指導受益良多。

〔作者序〕

遇見更好的自己

NCG 奇蹟系統創始人　陳南如（Nana）

　　首先非常感解政鎮，邀請我共同創作這本書，我們一起攜手完成了人生中的第一本著作《幸福 別放手》。

　　記得 2018 年 10 月，我們跟友人一起去馬爾地夫旅行，我看見政鎮每天都有一個時段自己在敲鍵盤，好奇問他在寫什麼？他說：「我要寫一本書，來幫助人們擁有更美好的兩性關係。我有個想法，市場上有很多寫兩性關係的書，但較少有由兩性一同來剖析男生、女生到底在想什麼的書？如果是用男女對話的方式，來跟讀者表達一定更有說服力！妳願意跟我一起完成這個任務嗎？」

　　我聽了政鎮協助學員挽回愛情的故事，幫助從沒交過女朋友的害羞男生找到幸福，這真是一個幸福的事業。與我的使命「透過分享，幫助一億人探索夢想，活出愛、感恩、給予的生命，成為他人生命中的天使！」不謀而合，於是我決定接下這個任務。

幸福 別放手

　　我們兩個素人作者摸爬滾打，搜集資料近半年時間，但是缺乏經驗的我們，創作的第一版，簡直就是畢業紀念冊……

　　這時上帝突然派來我生命中的大貴人，在全球出版過兩百多本國際暢銷書的吳錦珠老師情義相挺，鞠躬盡瘁耐心指導我跟政鎮，一字一句、一照一圖，一步一腳印將本書內容調整到國際專業水準。從提筆寫書到現在，兩年內數不清多少次，吳老師陪伴我們從早到晚閉關辦公室一起，一次又一次修稿到極致為止……擁有兩億多讀者的國際暢銷書天后，竟能如此大愛提攜後輩、無私奉獻，深深感恩。

　　特別感謝攝影師小墨（墨月嵐）、你好攝影工作室攝影師強哥和最棒的造型師 Walter，讓我可以把最美好的形象與肢體畫面呈現給大家。約翰藍儂說：「一個人作夢，夢想只是空想；一群人作夢，夢想就會成真。」沒有你們，就沒有現在這本書的誕生，再次深深感恩！

　　關於《幸福 別放手》這本書，我想傳達的訊息是：「遇見更好的自己，必會遇到更好的他。愛自己是一切的答案。」

　　不要去追一匹馬，用追馬的時間種草，

　　待到春暖花開時，就會有一批駿馬任你挑選。

　　股神巴菲特說：「一個人最好的投資就是『投資自己』。」投資自己，讓自己更具競爭力，是穩賺不賠的，沒有任何人事物，能夠搶走你栽種在自己身上的果實。

　　那麼，我們該如何投資自己呢？

一、投資自己的身體：

　　無論是 100、1000 還是 10000，只要少了前面那個 1，就什麼都沒有了。我們的身體健康就好比那個 1，好身體是一切的基礎。透過鍛鍊養成自律，賺得健康也贏得自信！

二、投資自己的形象：

　　形象就是你的大門，迎接人們來認識你的第一步。人們透過你所呈現的形象，選擇如何與你溝通，以及願不願意進一步了解你。

三、投資自己的大腦：

　　你現在的氣質裡，藏著你讀過的書、走過的路和愛過的人。閱讀能夠提升專業技能，豐富內涵，增加自己底蘊的厚度。人先天的相貌由遺傳基因決定，後天的容顏由內在修養決定。

　　透過《幸福 別放手》這本書，為你揭開這些秘訣！

　　讓我們一起迎接下一站，幸福。

▲攝影：張筱羚。

在成功前
先看清哪些冤枉路不必走

幸福 別放手

自以為是
先入為主是大忌

　　下面這兩張照片，如果說「樸素老實」，相信各位應該對這個說法不會反對吧？！

　　在大馬路上，這樣的「樸素老實」男孩，不算少見。而就在 22 歲，遇到那個「她」前，照片中的就是我，一個標準的母胎單身、乖乖念男校，體重最高到 73kg 的胖宅

▼攝影：洪淑柑。

宅，不曾企圖改變些什麼，日子也就能安穩地過下去就好的輕男孩。

直到改變命運的「她」出現；可愛的笑容、苗條的身材，開朗的笑聲，不禁緊緊吸引我的一切注意力。

人生就是有一個 BUT：不夠在意或是喜歡一個人的時候，可以自在地互動，但有「得失心」的出現，就開始什麼行為不再自在以對。

認識不久，輾轉知道原來她已經有男朋友，讓我瞬間陷入了沮喪與失望：「老天你整我哦！脫離母胎單身的路怎麼就這麼難！」

也許老天真的聽到我內心的靠北，一個月迎來了個峰迴路轉「她分手了」；那時心情如同中樂透般；但瞬間我被拉回了現實，「她分手了，然後呢？我應該做什麼？如何才能吸引她？」瞬間在龐然的壓力下，自以為是的做了一個史上無敵蠢（大家別學）的決定；開始每天早上發一封笑話簡訊，想當然覺得剛經歷分手應該心情很不好，所以每天收到笑話應該會開心（到底是哪來的自信）；結果得到的只有偶爾的「哈哈」這樣的反應；在感情基礎 0 分

幸福 別放手

的當下，這卻是我所能做到的最大努力了。

　　而人生的第二個 BUT：術業有專攻，「相信專業」是職場或感情上都受用，但亂搬救兵只會又陷入另一場窘境。

　　當時求助了一位很會與異性互動的雙子座男性友人，他給了第一個建議「把她約出來啊！」、「穿得帥一點」（根本廢話）。於是沒什麼經濟能力的窮學生，一股腦地咚咚咚，在穿搭知識零分下，興奮地買了二件過季的 LEVI'S 襯衫，就這樣完成了第一套戰服；接著可以說是盲目的自信，在還是 MSN 的久遠年代，戰戰兢兢地提出了看電影的邀約。

　　人生的第三個 BUT：女生答應赴約，但怕尷尬，帶來了另外兩位閨密，過程除了我的不知所措與詞窮外，還演出了太緊張拿爆米花還手抖到掉滿地的畫面；這場約會的下場是慘烈的！而我還是覺得約到出門，心中還是沾沾自喜，繼續勇往直前！（扶額）；自我感覺良好的又繼續的煩我的好友，要他能傳授我攻略女生心房的速攻法，在他被我煩到受不了之下，給了個神建議「就直接用 MSN 告白啦」，這真是很可行又不用見到人，這麼緊張的建議（扶額 again）；當下就在電腦前就定位，登入 MSN，一上線

看到她也在線上，就開始把想說的話打了滿滿的一篇，拋出訊息給她後，一顆心撲通撲通地狂跳，接下來 10 分鐘如同一世紀這麼久，才收到了一段溫柔婉轉的拒絕「謝謝你，你人很好，但我不夠好……」；這樣的回覆後讓我愣了 5 分鐘；但我堅持讓她知道我的決心，連續 2 週頻繁的換上個人狀態，對她信心喊話。

兩周只有患得患失的心情，也無法好好上課；頓時我醒悟了，立志要成為一個懂感情、掌握自己想要的愛情的人！人在腦弱時，所做的決定一定是腦弱的，即使看起來是重大決定：「陌開行動計畫——搭訕路邊妹子」；它的重大立基於 22 歲以前，有嚴重的社交恐懼症的我，每次被約在人多的地方，一定先用電話再三確認他們已經在裡面了才敢進去；那個時候的電話簿裡只有 7 個女生，5 個是屬於親人關係，2 個是同事，除此之外就沒有其它女生。

但從現在起，正式開始為愛情而戰，下定決心透過大量運動瘦身，3 個月內減了 13kg。

接著每天下課，就到新竹市火車站與百貨公司周邊報到，不斷地開始試著接觸陌生異性；從起初被不停地拒絕，

到可以有 90％的機率留下聯絡方式；6 個月的時間已經累積約 100 多位的記錄，但卻陷入了對數字的追逐，到 8 個月時累積了 300 多位的陌生異性的名單。下方是當年所留下的奮戰足跡，泛黃的紙條中有著每位女性的姓名電話。

這紮實的記錄，從 0 到 1 的轉變過程；如果問我那時快樂嗎？其實……並不快樂；每天的生活像機器般運作；為認識而認識。雖然這段努力的過程，成功在 23 歲，進入我人生中第一段約一年穩定的交往，但大多數的僅是人生的過客。

▲征戰街頭的搭訕紀錄。(照片提供：解政鎮)

但未完的是，感情其實難的不是開始而是過程。

▲攝影：你好攝影工作室。

幸福 別放手

知己知彼：沒搞懂女生對愛情的期待就等著跌倒

男女思考大不同

一、在一起前：

(1) 女生：

女生先天敏感，希望可以找到的男生是對於未來有目標性的。所以會多花一些時間在觀察，不論是從社群媒介或是互動

▲攝影：墨月嵐。

上，同時先天也比較害怕受傷害。所以在認識之初，會比較保護自己，進而產生愛理不理或已讀不回的行為模式。

Nana 悄悄話

028
/
029

其實無論男女，都要給自己一個好的觀念就是：沒有追求，只有吸引！你身邊有沒有不是最帥、最美，但卻異性緣非常好的人？為什麼有些朋友彷彿天生的發電機？

答案是：發自內心的自信。

令人眼睛一亮的好看外表，當然會有先天上的優勢，但是人與人之間的交往，是否能細水長流地延續下去，最關鍵還是相處的感覺是否舒服、自在。

我跟很多女性朋友們，都遇過條件很好或是很帥的男人，但是不見得就會來電，甚至氣氛超乾完全沒話聊，永遠熟不起來……問問你們男人，有沒有曾經遇過超正的花瓶，然後很快就聊不下去了？語言可是人類很重要的一部分啊！若思想上無法交流，靈魂就沒有交集了。

那麼，如何做個有深度的人呢？多關心周遭的人事物吧！培養對外界的感受度，對世界永遠保持好奇，偶爾幽默一下，擁有一顆柔軟而堅毅的心，誰不喜歡有趣又自信的人呢？

一個真正有自信的人，來自於他的內涵、思想、生命的經歷，這些能夠讓一個人，呈現不卑不亢總是恰如其分

幸福 別放手

的態度。也比較不會強加自己的價值觀在別人身上，相處起來沒壓力，自然而然就會產生信賴感，進而有想更多相處的意願。

所以不需要急。當準備好自己，自然就會吸引到喜歡你的人，那種化學變化是很奇妙而愉悅的，根本不需要很刻意地追求，每次吸引我注意的男人其實都贏在「重視，但不急」，整理好自己的生活，給彼此一些空間和耐心，這樣的關係最迷人。

(2) 男生：

男生一直以來都是一個相對比較看外表的，所以很多時候就像微波爐一樣，不需要多長時間，就可以喜歡上對方；但是對方可能還沒有很深的感覺；但男生卻會覺得對方一定要接受自己，所以會用自己對她如何好的程度來判斷投報率，並且用很大的需求感來給雙方很大壓力；通常狀態一久，有一方一定會先崩潰，所以才會產生「好人卡」或「你是我的好哥哥」這樣的結果！

二、在一起後：

女生通常比男生用心，而男生總先從自己的需求角度來想；但女生則以對方為優先居多，不管是買東西、生活用品、零食、保健品等……通常先想到對方一份，會擔心對方有什麼缺少的東西，也希望多跟對方一起分享生活的點滴，真是天生的母性。

◀準備好自己，自然會吸引到對的人。（攝影：墨月嵐）

但隨著時間，漸漸容易產生溝通上跟努力程度不同的落差感問題。

Nana 悄悄話

女人跟男人最大的差異，就是在一起前會想比較多，觀察特別細，甚至很像在打分數，但是當你通過考驗，女人就會無法自拔地處處為你著想，女人是擅於分享的。她渴望見到她心愛的人，因為自己而快樂的模樣，可能是為你學做菜、可能是為你挑件很帥的衣服、可能是幫你整理房間、或是買一對對錶、手機殼之類的，甚至是為了你剪個新髮型或上健身房鍛鍊身材，你可別神經大條不稱讚一下這美麗的改變喲！女人們會好失望的！我跟你保證。

如果你總是懂得細緻地覺察和欣賞你的女人，並且讚美她，她會非常開心，覺得你很用心而且懂她的心意，於是她將會更加樂意地為你美麗下去、繼續付出。女人最重視的就是「被理解（被懂得）」和「陪伴」，當你很認真地表達感謝她所做的一切，並且耐心傾聽她想跟你分享的點滴，她將會有無比的動力，為你做更多讓你快樂的事，也會展現強大的包容力噢！

┌─ S 語錄 ▶ ─────────────────────────────────┐
│ 　　學會讀懂女生言語沒表達的訊息，才能拉近你跟她 │
│ 的距離！ │
└──┘

▲用心發現不一樣的美。（攝影：Nana）

幸福 別放手

　　相愛容易，相處難。用腦科學破解，破解到底難在哪？男女之間思考的差異本質上是屬於「腦科學議題」，兩性間彼此互看不順其來有自，是因為彼此不懂異性的思考邏輯，所以需要有個「調頻」的過程。

　　會建議從對方的角度出發。第一步，從左右腦分別掌管的事物開始認識：

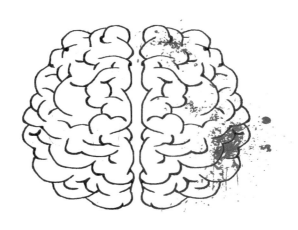

　　左腦是控制邏輯思維；左腦發達的人，多半擅長文字語言的記憶方式，而非圖像，對牢記背誦的科目較為擅長；對於五感的刺激，將當時的感受轉化為言語並留存記憶，

因此左腦是屬於言語腦。

右腦發達的人對所接收的訊息，是用符號、圖像，或圖案來記憶，因此可以一次記住大量訊息；如同使用相機拍成照片再處理成影像及圖案，作為記憶。此外，右腦發達的人在感受外界的五感（視聽嗅觸味五覺）刺激時，會依照當下的感受留存記憶右腦型的人，發揮情感、欣賞藝術的腦細胞集中在右半球；知覺和想像力較強、高創造性、不拘泥於局部分析，往往會統觀全局及大膽猜測，是屬於直覺型結論。

女生就是屬於右腦比較發達，所以會感性一些，「期待你用她行為的蛛絲馬跡理解她，而且不會對當下的心情明說」，這常是男人總覺得女人比較難懂或愛理不理的原因；所以身為一個男人希望吸引女性之前，請先從行為模式來理解她，否則因為過度心急，加上男人先天左腦發達，往往用直線性的思考，一直去追問對方答案，在女生眼中，男人就像個伸手牌又懶得動腦，往往一樁美事的可能性因為心急而壞了事。

不要覺得只要有付出、刷存在感，對方就該喜歡我；

幸福 別放手

別所有事情都想要打破砂鍋問到底；在女人的角度是個大忌，女生會暗自厭惡你的自以為是，但也不希望你玻璃心碎；即便不喜歡或沒感覺，大多數也不會選擇正面衝突。

那到底應該怎麼做？

如果不是罪無可赦的錯，建議這招 70％以上機率，可以達到神救援的目的：

「1. 拍拍她的背。2. 表達：雖然我不知道我哪邊讓你不快樂了，但一定是我太粗心了才沒發覺。3. 我需要妳的幫助讓我可以做得更好。」如果希望另一半持續愛你、需要你的話；那她要的很簡單，做好「理解」與「陪伴」，是基本該有的態度。

Nana 給各位男性讀者一句忠告，「女人有時候需要一個男人，就像跳機者需要降落傘，若此時此刻你不在身邊，那麼以後你也不必在了。」堅強的女人背後，如果沒有能夠讓她柔軟的男人，那麼她會成為一個女漢子，並且可以獨當一面。

▲愛很簡單，用理解與陪伴灌溉。（攝影：你好攝影工作室）

幸福 別放手

男人為何會讓女人覺得無趣？

Nana 來告訴你：男人很多真的是「好人」，可能個性百依百順，但一起生活，卻不懂生活情調、太無趣顯得很沒勁！

▲好看的皮囊千篇一律，有趣的靈魂萬裡挑一。
（攝影：墨月嵐）

人生不是只有賺錢跟打電動、看球賽、加上百依百順寵女人耶！我們渴望有一個懂你的靈魂伴侶一起體驗生活，看這世界的美好與寬廣。所以，男人必須要永保一顆「對世界好奇的心」，才會細細品味人生，言談之中自然有趣而引人入勝了。

否則就會發現，一起聊天的女性朋友，怎麼常常都說要去洗澡或是有事要忙了（笑）。

下面的幾段故事，都是來找 Steven 諮商的學員們，用血淋淋的心痛換來的，準備好就往下看吧！

主角一：阿明

辦公室場景中，阿明與女同事有了情愫的火花，但這位女同事已經有男朋友，而且管得非常緊，不准她單獨與朋友出門、不准跟任何異性朋友聯絡。「阿明」因為跟她有業務往來，剛開始僅止於基本互動，直到後來女生主動聯絡的頻率越來越頻繁，到天天關心的程度了，因此他不由得也動心了……此時，出現一位同事也喜歡她，礙於她有男友的關係，所以他們常常一起幫助瞞著她男友一起去吃飯、唱歌。但越到後期，這個女生跟那位同事越走越

近，過程中阿明開始亂了手腳，所以跟女生互動開始變的不協調而且過度在乎。

「得失心」

通常發生在有好感的初期，若平常少鍛鍊情商及心態上的強化，就會落入這個陷阱；而陷得越深，女生會離得越遠。

感情往往開始是因為「好的感覺＋曖昧」，絕對不是因為嚴肅及壓力，在意女方跟他互動變少、與不小心用情緒性的字眼後，「阿明」才找上門求助。

可惜為時已晚，感情互動這種東西不是像遊戲一樣，輸入密技就逆轉勝；盡早用「對的心態及方法」進行，加上系統化的做法經營，才有最好的效果。

我們遺憾沒能成功救回他們的互動溫度，這段感情不了了之。

幾個月過去，在 2018 年 1 月初，收到他的 Line 訊息，內容是「我今天剛因工作上的關係，認識了一個不錯的女生，可以協助我嗎？」此時我真替他覺得高興，「重燃

想要證明自己價值」這樣的想法，讓他朝向自我升級的路上，這是個不可少的重要心態！

場景一樣是辦公室戀情，不一樣的是，女生是人力仲介的業務，在人力銀行工作的生態中；這女生一開始透露的訊息，希望阿明多用她所推薦的人選，增加她的個人績效。

我給他的第一個建議是：直接用喝咖啡的名義邀約她，在過程中會知道，她有沒有意思。

▲女生矜持，所以男生要擔起邀約的責任。（圖片提供：LAVINO）

「該如何判斷女生對你有沒有意思？」

最簡單請觀察她會不會一直對你提問（非工作上的議題），同時對於你過去的一切 & 感情史非常有興趣；如果

是的話，那恭喜你，她對你是有感情上的好奇感的。

　　第一次邀約相當順利，就在他們認識的兩天後（P.S. 第一時間告知我們的好處，就是不會弄爆了再來補救）。我們提供了建議讓他安排好那天的約會；而出乎意料的好消息，他們下午 4 點鐘見面，直到晚上 11 點才結束了約會。

　　過程中他開始觀察女生的好感指標，再追加下次約會時間的提議，顯然很成功。

　　第一次約會後，女生對他的態度有了 180 度轉變，從原來基本的聊天互動變成天天主動敲他，會問他在做些什麼及主動報告她當天的行程。依這些判斷，進行第二次邀約，剛好女生感冒了，所以藉由邀約喝碗熱湯的做法，在第一次約會後三天，一起渡過了充滿關心又曖昧的夜晚，「也發生了第一次牽手」，這次約會非常關鍵！女生明確地在互動上表達了她的好感，也聊到了一起去買日用品的提議。順利地第三次約會，在認識後第十天，在購物中心逛逛，吃晚餐，晚餐後去大賣場做日用品的購物。我們也設計了一個流程，讓阿明順利地把女生帶回家，在隔天一早即收到他脫離母胎單身的消息，讓我備感欣喜！

　　這個案子似乎到此已無懸念，但在一星期後他又再次告訴我們這女生常常找不到人，在言談中會表達對於他外型、個性不滿的想法，同時會到隔天才回他電話或是訊息，實在不符合期待中情侶的互動模式。

　　詳聊後，得出了幾個關鍵的問題：

1. 形象上沒有下定決心提升（女生很會打扮）。

2. 個性太過老實，不敢開女生玩笑。

3. 親密關係及言談中缺乏情趣。

4. 過度的言聽計從，讓女生喪失了新鮮感。

◀提升自己，才是感情長久的一切。（攝影：燕子）

5. 過去的生活沒有累積美食、玩樂的體驗，無法有話題上的共鳴。

雖然多努力了幾天，但在 2 週後……

「分手了」！

心灰意冷的他在除夕那天，獨自在美食街吃著東西，對面坐著一個女生，他直接跟她打招呼開啟了話題，之間聊天非常愉快，女生甚至主動的問晚上是否一起約個會，這段戀情因為有上一段的經歷，也就很快地 3 天後在一起了……

這次又以為可以放下了，沒想到……

「2 週後又分手了」！

即便再怎麼不捨，阿明還是值得更好的人生，但從分析角度來看，這樣其實並不意外！

因為他將大部份心力給了工作，因此在情趣上，沒有足夠的練習，加上是第一個女友造成在過程中患得患失，改變的心態建立的越早，就越不會在交往後產生不符預期感，而提出分手！

經歷一個多月連換兩任女友的慘痛經驗，讓阿明真正

領悟到改變的重要性，面對該面對的現實：

　　1. 不想花錢在自己的形象上。

　　2. 覺得改變很麻煩，夠用就好。

　　3. 假日懶的出門，因為都沒人可以約。

　　4. 個性不夠果斷，無法自信的對對方表達想法。

　　經歷這些，他才真正認同我們所提供的建議，願意與我們一起下定決心全面改變。

　　這也是我們要說的，平時的戀愛學分，是需要一個最適合又專業的教練，按部就班學習才會有理想且「長遠」的戀情。

　　「千萬別用僥倖心態開始一段感情、用不停跌倒的過程來學習成長。」

　　這過程非常非常的痛苦，也讓自己漸漸喪失感情的安全感。

▲人生必修：戀愛學分。
（攝影：你好攝影工作室）

主角二：阿致

一個剛出社會不久的男生，靦腆的外表及笑容，為人非常客氣。還記得第一次見面在小 7，不僅提早赴約，還貼心地準備了咖啡。從中部到北部念完碩士，決定當個北漂青年，與交往 8 年的女友，互相扶持努力奮鬥。

但意外總是來的突然，出社會不久後，她告訴阿致，「她喜歡上工作場合的小主管了」，所以提出了分手，阿致試著挽回，但都沒有好的回應，於是找上我們進行諮商。

原先以為這是一個單純的挽回案例，但沒想到⋯⋯這劇情比我想的還要複雜許多⋯⋯

女生跟他說在一起久了沒感覺，

在外面也認識了一個新的男生，

所以提了分手。

但還住在同一個套房內，睡在同一張床上！

女生跟他還會有親密的擁抱、牽手、親吻，

但就只差沒有「性」這方面的關係，

而且女生還會跟他分享跟外面這個男生相處的點滴。

▲情侶在一起後的心境三步曲。

　　這種特殊案例，可以從「情侶在一起後的心境三步曲」瞭解，在一起到後期進入「依賴」的階段，而就是因為這份依賴，而暫時離不開彼此，畢竟歷經 8 年，長久地習慣對方。

　　他真誠地表達了說：如果這段感情還有機會，想努力看看，他不希望就這樣錯過了彼此……

　　一個人面對情感上的挫折，是孤獨的。身為貼身顧問，除了隨時可以解答他的問題，還要重建他的自信及規畫後續，這些是首重的工作。

　　開始行動的第一步，年假那 6 天的時間，做出兩方生活的區隔冷卻，並且啟動行為和信念改變計畫。

徹頭徹尾的改變，包含形象、自信、表達方式，分手的原因不出以下幾種：

　　1. 一方管太多，造成對方的壓力。

　　2. 一方長期擺爛過於自我。

　　3. 有第三者介入。

　　4. 一方一直不停的成長，但另一人停止學習。

　　5. 金錢價值觀上的差異。

　　無論是哪種情況，是需要用改變讓對方看見，才能另啟新局、重新站上談判桌。

　　在理解後就先從形象上的改變著手，包含髮型、穿搭，拍出有質感的照片。

　　談吐上，我們提供的方向，是盡可能用精準的邏輯去陳述事情，同時停止抱怨及過度負面的言語；因為人都喜歡美的事物及樂觀開朗的人……

　　就在初三的這一天，他受邀去趟女方家，用全新的形象跟談吐的方式跟女生及她家人互動，居然獲得的評價是……

　　「你怎麼變的這麼不一樣，不太習慣，但是看起來很

有自信。」

　　因為大受好評，讓這女孩覺得慚愧不想面對，所以連兩天都躲在房間內足不出戶，留男生一個人在外面，獨自面對她的家人……

　　他持續改變跟提升，讓他周邊的女生及網路上認識的女生，開始會主動對他示好，打電話找他，甚至是……

　　直接跟他告白，要求交往！

　　而他前女友對他態度有了很大的改變，本來互動冷淡；但現在會主動關心他，還會吃醋、要求不能跟其他人約會、聯絡。但是……阿致不為所動，因為她還沒有放棄外面的新對象……他也非常「爺們」的說：

　　妳是用什麼身份來要求我？

▶每天進步百分之一，一年後你將不可思議！（攝影：你好攝影工作室）

男人為何會讓女人覺得無趣？

幸福 別放手

　　中間有幾週的時間沒有收到「阿致」的諮詢，就在正打算關心他時，收到他的一個訊息，內容是……

　　收到當下讓我有點訝異，想說是不是發生什麼事了？還是有新的對象？一問之下，聽到了以下的內容……

> 策略長您好，非常感謝您這一段時間的指導，在未來我會繼續調整自己，目前我想先放棄這一位女孩子，我跟她之間如果有緣會再相遇的，在此獻上萬分的感謝!有機會在聊囉~感謝您!!

　　「這一段時間我想了很多，你們的指導讓我不停地成長，連工作也得到主管及同事的讚賞，而前女友的爸媽還特別致電關心，希望再給彼此一個機會。」

　　「但她似乎還停在原地，而且變得有點公主病，讓我覺得她不是我想要的女生，有緣的話我們未來還會再相遇的！」

　　在收到這樣斬釘截鐵的回覆，也震憾著我！一個月時

間有這麼大改變，一開始的沒自信、低聲下氣求復合，到現在能明確分析要的是什麼，且不再逆來順受。

很多時候，沒有目標與不敢追求所想，是真的不想，還是對自己沒有自信所造成的呢？事業、愛情皆是，有夢應該就去追！

在此用一句話送給大家……

「如果你為了得到愛情拼盡全力改變，你將同等升級你的人生。」

其實還有後續，就在他發簡訊給我們 7 個月後，我們邀請他一起來參加萬聖節 Party，但他已經與新的女友在一起 3 個月了，所以不方便參加。聽到有點惋惜，卻又非常欣慰，經過輔導後的他，在感情有好的新開始，連工作也得到主管的讚賞與升職。

所以兩性學問，學的並不是交往本身，而是全面提升人生的可能性。

主角三：阿鴻

　　阿鴻來找我們時，神情是無助與侷促。特別在他是由「他喜歡的女生」推薦來上課的，阿鴻是金屬加工業的二代，而女生家中也是做生意的，雙方家長一直積極地想撮合他們。

　　但女生覺得阿鴻太木訥，在網路上找到我們後，推薦他來。

　　一個半月的課程，他開始覺得女方的個性不適合他，另外又有朋友推薦了一個自己開店的女生給他。

　　以下是阿鴻對兩性關係的現身說法：

　　在還沒認識 Lavino 時，是個很宅、沒有自信的人，也不知道如何享受生活。

　　退伍後就只在家人及工作之間打轉，身上沒有太多可吸引人的地方。家裡做生意又是獨子，所以身邊不斷有親朋好友介紹的對象，這些不錯的女生，卻對我沒有太多持續的認識與來電的感覺。還好經由女性朋友，說破了我的缺點並介紹 Lavino。

　　認識這麼多女生之後，深刻體會到自己改變的必要。

在 Lavino 學習到可以在哪種場合認識女生、如何進一步聊天、並慎選約會場合等。

為了練習聊天及說話方式，下載了如 Sweetring、Paktor、探探之類的聊天軟體；也經由上課發現社群軟體（Line, Facebook, Instagram）照片動態是真有人關注並想了解的。

在一次形象課程中我買以前從來不會購買的外套款式，並將試穿的照片發在社群上，結果受到許多很久未見

◀專注體會生活，歷練才會回報你的成熟。（攝影：解政鎮）

幸福 別放手

的朋友來關心我的穿著，所以更新個人形象是很重要的！

　　不是只為了認識女生，也讓久未連絡的朋友或是客戶，多了與你聯繫感情的契機。原來社群可以這樣使用，用這方法創造與女生朋友的話題。比起直接說安安、你好、幾歲、住哪，或其他無聊又像審問般的聊天開場，要來的有效很多。

　　約會技巧上最記憶猶新的是，盡可能不要選擇去電影院約會。

　　還沒上課前，電影院似乎是個很好的場合；聽過分析才發現電影院真的不妥。因為電影播放時交談需要靠得很近，但兩人初步認識，反而讓女生覺得不舒服。加上雙方對電影的見解不同，想靠著電影話題觸動女生的心靈其實很難，電影散場通常就是回家或吃飯，如此行程就讓約會陷入尷尬，所以電影約會已經不在選項之一。

　　幸運的，我在 Lavino 上課時，遇到了現任女友；聊天及約會的過程中善用課程所學、上網複習，真的很謝謝 Lavino 的各位！

如果再自我設限
就只能單身一輩子

下面的故事其實要說明幾件事：

1. 一開始的冷淡，不代表一定不可能。

2. 先天身高、身材的差異，不要當成難以接近的藉口。

3. 約會是昇華互動機會，不用因為浪漫而選擇華麗的場地，輕鬆才是正解。

故事開始

幾年前冬季的某個午後，我前往銀行去做資料異動，拿了號碼牌等候大約 20 分鐘左右，聽到了機器叫著⋯⋯

「2052 號，請到 2 號櫃台。」

臨櫃意外映入我眼簾的，是一位笑容燦爛、氣質清新的女孩，不禁讓我瞬間心跳漏拍，暗自決定「我今天一定

要拿到她的聯絡方式。」

　　而這個過程不能急，不然女孩就飛走了！

　　所以就從銀行工作的話題開始聊起。「銀行每天都有數不完的錢吼！那會不會覺得數的時候開心，下班時難過？」

　　果然她是一個聰明的女孩，一聽就懂我的意思，會心一笑地說「因為數完後都不是自己的嗎？」接著又聊些關於她的工作，跟為什麼會進銀行業。

　　「接著在等待跑流程的過程中，得到了她的姓名及想好了我等會要電話的方式。」5 分鐘後她告訴我都辦好了，為了有更多互動，我找了藉口：「感覺這流程有點複雜，我決定考考妳會不會操作，不如來協助我吧！」女孩倒是爽快「誰怕誰，走吧！」

　　一起走到了 ATM 的旁邊，操作過程持續的跟她打鬧，同時說著：「看不出來妳滿高的，我猜你快 170cm？」結果她說正好 170……而我的身高是 168。

　　就在一陣打鬧過程後，也把流程操作完了，這時我說「不錯，果然是個專業的女孩，為了慶祝修改成功，我決

定要加妳的 Line。」

　　她下意識帶著防備說：「該不會要賣我東西吧？」

　　我說：「賣不賣東西不是重點，重點是想認識妳，不然我會後悔很久。」

　　接著用 QR-code 請他加入我的 Line，順便輸入電話號碼，有了一個美好的邂逅。

　　在要到電話後的一週，買了兩張 3D 立體畫展的門票，在休假前丟了一個訊息給她……

　　我說：「Hi ATM 女孩，我有兩張 3D 立體展的票，一起去吧！」

　　她說：「好啊，那一天？」

　　我說：「那就連假的第一天囉，其它天就各自在家裡陪家人，我們那天就出去一整天囉，約中午到晚上。」

　　她說：「嗯嗯，那你到我的分行來接我好了。」

　　見面那天對方主動問起去哪吃飯？各位在跟女生約會時，千萬記得口袋名單要早早備好，我很直覺的建議一家鍋物店。（tips：約會平實就好、不必花大錢。）

　　進餐廳點餐後，用有目的的方式問對方怎麼剛好也住

幸福
別放手

在竹北，女生說：「其實我是新豐人，只是想自己搬出來住。」

接著聊天讓我收集更多，有關對方的資訊與背景。

聊天過程看著氣氛已經很輕鬆了，機不可失地讓我說出：

「來，手借我。」

她說：「要幹嘛？」

我說：「看看妳是不是金融的料。」

她的手拿了出來，說：

「你真的會看嗎？」

我說：「其實不太會，只會看三條，主要是想摸妳的手！」

她就用一種害羞微笑的表情看著我說：「你很賤耶」

接著彼此隨意的聊著學生時期的趣事，也了解她的興趣。一小時後我們在往桃園的路上了，這時要用聊天發揮「觀察力 & 輕鬆」的態度。路上若有特別的路人、車、景物，就一起討論，看到與她背景有關的話題就順勢切入找話題。

重點是「持續地維持交流」，別讓溫度 Down 下去。

到了展場剛好有白天跟黑夜的兩種情境，值得拿來好好利用。藉著黑夜模式時扶著她的腰，一來名義正當，避免她跌倒，二來也可以進一步的互動。

再者，因為是互動型的展覽，實景如下：

▲攝影：解政錤／張筱羚

幸福　別放手

　　這個地點給了很多幫助，不需硬擠話題。又可以自在的玩在一起，互相幫對方拍照、打鬧，就這樣愉快的相處了 4 個小時，來到晚上少不了的夜景。

▲互動是約會的一切，地點只是感情的點綴品。（攝影：熊智雲）

　　「燈光美、氣氛佳」的口袋名單 2 號做為轉場的絕佳地點，邊用餐邊繼續聊著，她還去過哪些有特色的點，一個段落後，我提議來玩「真心話大冒險」……

　　女孩依然防備地：「我沒答應唷，你先說，我再看要不要回答你！」

　　我就先問：（P.S 其實是故意要引導她去想一些事）

　　（1）初戀是幾歲？

　　（2）最討厭的食物是什麼？

　　（3）這一題是最關鍵的，礙於版權問題，有興趣的朋友再私下問我吧。

　　總之，為美好的約會收尾是很重要的。

　　在約會後的第三天，私訊問她這幾天的生活，接著立馬做這個星期的邀約……

　　我說：「這週末帶你去一個有趣的餐廳。」

　　她說：「是唷……在那？」

　　我說：「也在竹北附近，去了就知道囉！」

　　她說：「唷……好吧。」

　　約會當天提早等了約 10 分鐘，遠遠看到一個短裙配絲

襪＋高跟鞋的女孩走來，再次讓我心跳漏拍。

讚美與欣賞要給的即時：「妳這樣其實太不可取，讓人忍不住多看妳幾眼。」

她害羞的笑了笑，一樣是邊吃飯邊聊天的行程，這次規劃著稍後的散步路線。試探問「吃飽了嗎？走吧，我們去河堤旁邊看看夜景。」

在抵達河堤後肩並肩的走著，用試探性的把手扶著她的手臂，見她沒有反抗，我就把手直接的牽了下去，沒想到⋯⋯

她說：「不好吧，會不會太快了？」同時把我的手甩開！

我說：「會嗎？我不覺得啊！」但同時就先讓手安份了，回到正常的話題。

看到一個涼亭⋯⋯

我說：「走吧，進去坐一下！」

坐下時故意坐的很近，並把她的手握了過來，她嬌羞白了我一眼，但沒有反抗。

聊著聊著就把嘴作勢貼了過去，她愣了一下說：「你

想幹嘛?!」

　　我說:「覺得妳很迷人,忍不住想親妳!」

　　她用雙手擋著我同時說:「不行,太快了!」

　　這時就先收回,又隨意的找了一些話題聊著,約過5分鐘……

　　我又把身體湊過去,在半推半就下,完成了第一次的親吻,接著抱著她,但她並沒有面向我。

　　過一會她說:「走吧,我想回家了!」

　　就開車載她回家,在快到時我說:「我想去妳家借廁所!」

　　她說:「你可以去便利商店或是咖啡店借啊!」

　　我說:「還蠻想參觀妳家,同時突襲檢查妳家亂不亂?」

　　她也沒再表示意見,我就直接問她:「你家的位置在哪,車子可以停哪裡?」

　　她就指了一下位置,同時引導可以停車的地方……

　　雖然借廁所只是一個理由,但後面就不用特別說明了,就這樣她成為了我的女友。

Nana 悄悄話

具體點來說，很多男人不會聊天，結果變成瞎聊是因為以下五點：

一、找不準聊天時機

二、無聊的開場白

三、無趣的話題

四、無法把握聊天的尺度

五、不懂挑動女生的情緒

總結來說，保持好奇心，多多探索這個世界，讓自己成為一個有豐富社會經歷、新奇社會體驗的男人。這樣會讓女人們感覺你很有內涵，在你身上感覺總是能學到什麼。如果你還學會如何擁有幽默感，哇！那太棒啦！那你是個有趣又有魅力的男人，一定會非常受歡迎。

有沒有發現演藝圈中，有些人並沒有特別帥，甚至身材也不好，身高不高，卻非常有異性緣，而且女友還是美女！因為讓人喜歡跟你聊天真的很重要！

聊天是人類交流思想的方式，如果沒辦法讓人感到愉

快的話，基本上沒得談了。除非他愛的是你的錢……畢竟人又不是藝術品，聊不來，難道每天對看就開心了嗎？

說話的框架幾乎就是兩性關係最重要的關鍵了，它來自於你對生活的累積，以及你有沒有心思學會更優質的溝通方式。那麼如果還能培養起自己的品味與品格，你將更有魅力與價值。品味是天賦，但也可以透過學習而提升，品味提升了，自信就來了！品格是環境下的產物，但也可以經由操練而成長，孝順、負責、體貼、包容、尊重是我調查過女性朋友們，最在意的前五名喲！快快記下來吧！

▲良好的溝通能力，決定你吸引人的魅力。（攝影：新娘物語）

— S語錄 ▶ —

　別人的故事永遠是督促自己的關鍵參考！

▲攝影：解政錤

貳

攻略解析與行動方案

幸福 別放手

社交場合
大家真正在乎什麼？

　　在說明「如何建立有吸引力的形象」之前，先藉由加州的心理學家 Albert 提出的「7/38/55 定律」。

　　根據所提出的研究結論，第一印象建在三個層面上：「形象／態度」、「聲音」、「內容」，而在慣性的思考下，都會以為談吐的內容是社交時最重視的點，但其實不然。

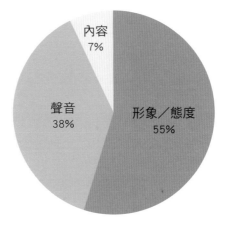

內容
7%

聲音
38%

形象／態度
55%

■形象／態度　■聲音　內容

　　比聊天更重要的是形象與態度，這個比例佔了 55%。
也許你會想問，在網路社群活躍的時代，還沒見過面要如
何清楚地傳遞我的形象態度呢？

　　最直接的是把慣用且公開的社群平台經營好，藉由轉
發具價值觀積極關聯的文章、或是對生活的感想、生活照
等。

▼社交的活躍度，決定別人看待你對生活的熱情度。（攝影：墨月嵐）

幸福 別放手

形象跟態度的建立，本質上是價值觀、生活觀的傳遞過程。鮮明的表達，更有助於吸引跟你頻率相近的女孩，也讓彼此間的話題能有開端。

再者就是你的聲音佔了 38％ 的重要性，就像是一個電台主播，如果具有磁性的聲音、講話誠懇的語調，我相信大家都會想在固定時段去收聽這個頻道。聲音魅力的建立，要先自我覺察自身聲音的特性，可藉由錄音聽聽看，自己在哪種發聲與用力方式，調整成讓人覺得舒服的速度與語調。

讓女生喜歡聽你講話，對你聲音產生依賴，這在吸引的過程裡是很加分的。

最後在聊天的內容，雖然只佔了 7％ 的比重，但好好配合著前面 38％ & 55％ 的分數，就有畫龍點睛的出色效果。時事話題、文藝資訊、時尚資訊等，都是聊天的好素材，平日好好蒐集，養軍千日用在一時！

▲拍照時的取景，決定別人看待你的品味。（攝影：陳玉玲）

● 如何建立有吸引力的形象？

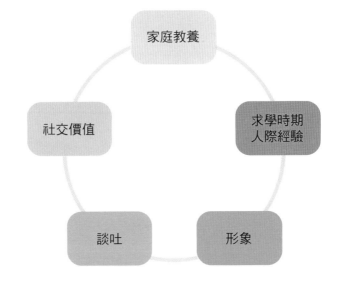

　　吸引力來自於「自信」，這兩個字聽起來很抽象，但其實沒這麼困難。很多人會說：「我是一個很沒自信的人，不知道怎麼提升？」那就先來聊聊自信的組成。

一、家庭教養：

　　身處在亞洲社會裡，儒家文化使然，「驕矜自滿為小人、崇尚謙謙君子」的價值觀濃厚，連帶著浸染整個教育

文化，保守的教條背後，擔憂的是怕犯錯怕失敗，因此鮮少是用鼓勵的方式再做溝通，矯枉更甚者還會以打罵、情感勒索的方式表達「恨鐵不成鋼、玉不琢不成器」。

但換到工商時代，個體行銷的顯學浪潮下，凸顯了我們容易缺乏自信、不敢冒險、不敢自己下決定。變成女生口中害怕的「媽寶男友」。雖然我們的成長過程未必順利美好，但是要不要拿出勇氣，學習面對難題的決定權在自己。

如果想看清自己與家庭間的界線分際，建議尋求專業的心理諮商協助。切記，兩性關係，務必先把自己療癒了、自信了，才有充裕的愛去滋潤你所愛之人。

二、求學時期人際經驗：

以大學畢業為基準，求學過程伴隨我們 16 年左右的時光，深刻地影響著我們社交上的人格、專業能力、邏輯架構、互動模式建立等。

而學生時期，處於高時數的緊密團體生活中，或多或少會出現關係排擠、霸凌的現象。在離開校園多年後的我們，是否已有足夠的勇氣，去面對過往的傷疤？或是去尋

幸福 別放手

求專業的協助，發覺自己沒被看見的優點⋯⋯等。

當「自我認同」的基礎課題解決了，連帶著「良好的互動關係」與「安全感、歸屬感」建立的進階課題都能有所提升，也讓關係經營，往更成熟的方向發展。

三、形象：

這個大概是自信環節中，最直接性能夠透過後天去改變的一個部份了，形象這件事就如同我們前面的 7/38/55 定律所說，跟自信有著直接關係，不過我同時要用如下的圖形，來說明一個人的形象是怎麼被定義的：

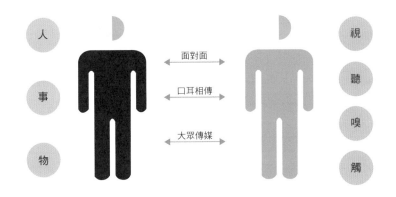

1. 面對面：

穿著、髮型、談吐等所建構的第一印象。

2. 口耳相傳：

你在別人眼中所建立的記憶點是什麼呢？可能是你的說話方式很幽默、可能是你很會穿衣服、或是穿衣風格獨特、可能是你的知識很淵博，所以很多時候可能你還沒見過這個人，但你在他人心中，已留下了一些深刻的印象。

3. 大眾傳媒：

如果是知名藝人或是企業家，那可能認識的方式都是透過報章雜誌、電視媒體，去描繪出這個人的個性及為人處事。但我們不是名人，所以大眾傳媒管道就是：FB、IG、Line、Wechat 裡的動態好友圈，只要認真經營，也會讓一個沒見面的人留下深刻印象，建立方法在下一章會有詳細的說明。

接下來說明提升你評價的輔助工具，在上方的的圖形你有左右兩邊的項目，指的就是可以提升你評價的元素：

先從左邊的三個項目來看：

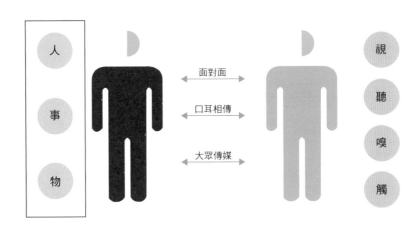

1. 人：

假設有一個有力人士，或是有公信力的人，推薦你給其它人或是一個女生認識，會更快增加他人對你的信任感。

2. 事：

如果有做件讓人無法忘懷的且正向的事，會讓所有的人信服你的人品，例如：陳樹菊阿嬤，她現在已經是著名的慈善家，還出現在維基百科上。

3. 物：

　　這個就稍微有點物質一點，和用的物品、開的車有關。如果用的東西都很有格調及品味，開的車也很能突顯你的身份，也會為他人對你的評價加分。

　　P.S：但不是要去追求這評價而去膨脹自己，必須要在能力許可下才是加分。

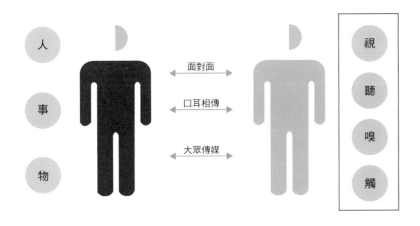

　　再從右邊的四個項目來看：

1. 視：形象呈現。

2. 聽：聲音及表達事情的邏輯。

幸福
別放手

社交場合大家真正在乎什麼？

3. 嗅：氣味是否傳達出讓人舒服的味道。

4. 觸：肢體接觸如握手、擁抱，是否讓人有信任及安全感。

四、談吐：

談吐是可以訓練的，小時候的我非常的缺乏自信，所以講話都黏在一起，且非常小聲，不敢表達自己的想法。

但多年後成為了一個演說家，把理念傳達給每一個人。所以口條是可以訓練的，先從不疾不徐的表達事情開始，放慢說話步調，再來提升說話的邏輯，學習「講重點」，不要花過長時間去敘述一件事情，但根本沒講到重點。以及表達事情時，語調加上抑揚頓挫，強調處時用重音，感性時用輕音，會讓人更專注的聽你說話。

五、社交價值：

從就業開始，生活型態就跟學生的時期有很大差異。以前可以把較多時間，花在與同學的相處及下課後的聚會上；但從開始工作後、各自忙碌的同時，就難以像從前頻

繁的聚會。

　　所以在工作後，還是期待擁抱舊有的朋友圈，那麼大多時候你會覺得自己很孤獨！所以嘗試打開你自己新的社交圈是必要的行動。

　　身處在一個網路溝通非常方便的年代，很容易找到陌生人的聚會或是飯局，也可以依照嗜好找到有趣的課程。當走出去那一刻起，會發現對自己的肯定度及生活踏實感同等提升，甚至會結交對事業有幫助的人脈、創業伙伴，又或者是伴侶關係。

　　在這個網路聊天比見面多的時代裡，一個異性會不會見面與你所呈現的生活樣貌（形象 & 態度）將是很重要的決定關鍵。接下來的內容裡，將說明怎樣建立個人的社群媒體，讓還沒見過面的異性，先被你深深的吸引……

六、七大貼文型態：

1. 驚喜時刻

旅行中的新事物、特殊經驗、收到禮物。

「大多數人會按讚，這是感受到他人的喜悅，看到值

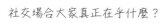社交場合大家真正在乎什麼？

幸
福

別
放
手

▲時尚紳士的形象，是抓住眾人眼球的關鍵。（照片提供：i Suit 科技西服）

得紀念的時刻，表示一種關心。」

2. 期待未來

新年新希望、給三年後的自己、即將到來的假期、節慶、旅行計劃。

「如果朋友圈生活差異不大，也很容易引起共鳴或迴響。」

3. 流行話題

熱門新聞時事、政治、動漫、電影、美妝、影視娛樂相關的都會有基本關注。

「要 PO 一些時事，但立場不要太激進，只 PO 出正面看法或是正面見解就好，千萬不要拿自己過去的事情做舉例。」

4. 非凡體驗

多年不見的朋友聚餐、家庭聚餐、畢業典禮、PARTY、演唱會都是很好的發文題材。

「這是最好用也是最常見的發文題材，會勾起大家的共同回憶和各自朋友相聚的畫面，也會得到比一般發文更高的讚數。」

幸福 別放手

5. 心情領悟

分享人生挫折時刻，對比以前的忿忿不平和現在的灑脫，讓身旁的人看到你的改變。

6. 分享新知

科學新知、美容小知識、世界趣聞「人類天生就有資訊焦慮的症狀，害怕人家知道自己不知道的事情。」

「通常分享新知類型的貼文時，會搭配整合性的標題，讓人產生一種按了讚！就能把知識全部吸收的錯覺。」

7. 成就達成

求職成功、升遷、結婚、離婚（擺脫困境）、收到開工紅包。

「這種特殊時刻，朋友通常會一起按讚慶祝，按讚代表看到了你的喜悅之情。但通常這種類型的讚要互相給予鼓勵，他們也會渴望達到成就時，收到他人的回應。」

貼文中必要做到的元素：

1. 大頭照：

請精選你的大頭照，這是一種自信的表現，不論是你的 Facebook、IG、Wechat、Line……等，所有社群工具都一定要放上自己的大頭照，畫質要清晰可見你的輪廓。

2. 一定要有你在裡面：

不要發一些都是其它人或是物品、車子、房子的照片。

3. 拍照的背景：

一定要選背景稍微單純不雜亂的地方拍照，畫面才不會看來都是人或是杯盤狼藉的畫面。

4. 質感：

拍照光源一定要足夠，同時可以挑選有質感的咖啡廳、書店、展覽館、宴會廳、飯店……等拍照。

5. 穿著：

照片裡的穿著就是反映出自信及質感，所以每張照片的穿著，就是一種生活的寫照。

6. 拍照角度：

盡量不要用自拍的照片，會讓人感覺沒什麼朋友及社交的錯覺。另外拍照時的手勢及神情不要單調，不要總是比 YA 或是讚。關於拍照的姿勢，後面章節會再詳細說明。

7. PO 文頻率：

原則上 3 ～ 7 天一次動態貼文，讓人看到你認真生活

幸福 別放手

的態度。

8. 照片數量：

每次 1 ～ 3 張為主，是旅遊一次可以多放上幾張，也不要一次 PO 太多。

9. 照片的元素：

家人聚會、旅行、寵物、工作、社交、朋友聚會、演說、搞笑的人事物互動、運動……等。

10. 照片的配文：

配文就是傳達你的體悟或是生活心得，簡短表達不用解釋太多細節，才會讓異性有意願去閱讀。

— S 語錄 ▶ ——————————————

展現生活是裝訂一本屬於你的書！

拍照的方式及
取景說明

1. 風景照：

　(1) 畫面 2 分法：

如果要拍風景照，不要只有風景的本身。

譬如下方這張海景照，如果只照了海的部份，會讓畫面沒重點。但如果都是沙灘和一點海景，也顯的畫面不夠美。

所以可以使用 2 分法的方式，各抓 50％的景，讓畫面看起來優美許多，第二張的城市景如是。

拍照的方式及取景說明

幸福　別放手

▲風景照的構圖二分法。（攝影：解政錤）

(2) 主體強調法：

　　圖的這張，主體是建築物，拍照時就要強調房子多一些，水面的部份用遊艇當點綴即可，不需留太多的空間。

▲主體強調法。（攝影：解政鎮）

幸
福

別
放
手

(3) 畫龍點睛法：

下一張海面與建築物的照片，若海面上沒任何東西，只有海景的話會很單調。但加了一艘船在裡面後，將讓畫面變得有重點。

▼畫龍點睛。（攝影：解政錤）

(4) 借物提景法：

　　這是一個往上的建築物仰角，單拍天空會很無趣；但加上一點建築的反射，會讓畫面變的有味道。

▼借物提景。（攝影：解政錤）

幸
福

別
放
手

(5) 多景融合法：

　　如下圖，古橋的拍法，把景結合橋身的洞，可以創造
出一幅畫的感覺。

▲古橋本身的意境，再帶到後面的風景，就像一幅畫的感覺。
（攝影：解政錤）

2. 人像：

(1) 跟食物一起拍：

記得在吃之前拍攝；如果是吃完後才拍，畫面顯的無質感。

▲用美食拍日記，彰顯個人飲食高品味。（攝影：藍御瑄）

幸
福

別
放
手

(2) 靠在物體上：

　　如右圖的兩張，一個是靠椅子，另一個是靠牆，都是

可讓照片整體視覺看起來豐富，且帥氣的做法。

▲靠在物體上，創造視覺層次感。（攝影：墨月嵐）

(3) 專注在一件事情上的神情：

　　話說，認真的男人最有魅力。在認真做事的時候，請別人幫你拍張照，顯露出你認真專注的樣子。（不過髮型跟穿著都很重要唷！）

▲看書也是專注的呈現。
（攝影：傅柏勳）

▲專注的凝視，決定你的魅力自信。
（攝影：黃仁杰）

幸
福
別
放
手

(4) 背影照：

　　背影照會讓人有神秘的感覺，但是前景就很重要，請搭配好看的風景，才能讓照片更具豐富度。

▲背影是一種剛好的神秘感。（攝影：莊承瀚／周建豪）

(5) 充滿張力的照片：

　　跳起來的瞬間是一個非常好的取景，一樣是要搭配背景來呈現出活潑的感覺。

▼跳躍呈現活力形象。（攝影：周建豪）

幸
福

別
放
手

(6) 宏偉的建築物：

　　利用宏偉建築物的背景，創造出身高及空間張力的感
覺。

▲宏偉的建築物，創造視覺高度感。（攝影：周建豪）

(7) 街拍：

利用城市的大樓及街道，拍出時尚現代的感覺。

▼城市街拍創造時尚感。（攝影：周建豪）

幸
福

別
放
手

(8) 小動物之間的互動：

這一直都是非常暖心的畫面，畫面要有趣、可愛。

▲動物是暖心的元素。（攝影：周建豪）

建議拍照的場景

1. 咖啡廳：

　　通常會有明亮的空間或是有質感
的裝潢，可以讓照片中的人看起來有格調及質感。

　　P.S 盡可能光源要足夠，不然照片中的顆粒跟畫質會受
影響。

▲咖啡店是一種文青的意象。（照片提供：解政錤）

幸福 別放手

2. 百貨公司：

　　百貨公司通常會依照不同節慶而變更主題視覺，例如：萬聖節、聖誕節，可以利用這些主題取景。

▶攝影：周建豪

▲百貨公司。（攝影：解政鎮）

▲攝影：周建豪

3. 城市景：

城市景觀有時是最美的背景，可以巧妙的利用街道的設計感來拍照。

▼隨手拍出城市現代感。（攝影：張筱羚）

拍照的方式及取景說明

4. 街拍人像：

單純的以環境為背景，拍出如同雜誌般的風格。

▲街拍人像。（攝影：張筱羚）

5. 旅行中的記錄：

　　利用旅行中的場景，把個人融入風景裡（正面或背面皆可）。

▼旅行中的記錄。（攝影：張筱羚）

幸
福
別
放
手

關於穿搭的重點

　　很多人會覺得，穿搭一直讓他們非常困擾，該怎麼穿才能顯出自己的有型與自信？

1. 正裝的基本原則：

▼正裝是男人的盔甲。（攝影：唯妳婚紗攝影）

(1) 扣子的差異：

通常你在外面會看到三個扣子，或二個扣子的西裝，不論除了是一個扣子以外，不然最下面的那個扣子都建議不要扣囉。

（正確）

（不正確）

▲正裝的基本原則—扣子的差異。（圖片提供：i Suit 科技西服）

(2) 西裝的大小：

通常要如何看西裝大小適不適合呢？有二個關鍵的重點，一個是袖長（裡面的襯衫長度要長於外套）如下圖：

（正確）

（不正確）

▲西裝的大小。（圖片提供：i Suit 科技西服）

幸福 別放手

第二個是肩寬及袖長，如下圖所示，如果西裝外套是合身的，應該可以露出你的領子，同時可以確認你肩線是否有在肩骨旁 1 ～ 2 公分的位置，同時要完全符合是沒有空隙的。

（正確）

（不正確）

▲圖片提供：i Suit 科技西服

(3) 襪子的選擇：

很多男生選擇了合適的西裝，但忘了考量襪子的合適性，通常襪子會建議大家選擇深色或是有點花紋，會創造豐富的視覺感或是不違和的感覺。

（正確）　　　　　　　　　（不正確）

▲襪子的選擇。（圖片提供：i Suit 科技西服）

(4) 褲長的選擇：

　　近幾年西裝褲長度，都是走俐落雅痞的路線，在修改

上建議修改成 9 分，或是像左邊的長度。

（正確）　　　　　　　　　（不正確）

▲褲長的選擇。（圖片提供：i Suit 科技西服）

幸
福

別
放
手

拍照的方式及取景說明

(5) 口袋的使用：

很多人覺得外套有這麼多的口袋，一定要放好放滿，但事實上外套的口袋，大部份是為了視覺好看而設計。如果真要置物的話（類似皮夾），建議放在外套的內層口袋，但是錢包的厚度要控制，不能太厚，錢包內不要有過多的雜物。如果你的襯衫是有口袋的話（通常我們一般是不建議有口袋的），建議不要擺放東西（常見的是：香煙、打火機、檳榔、識別證等⋯⋯），會看起來比較有型。

（正確）

（不正確）

▲口袋的選擇。（圖片提供：i Suit 科技西服）

2. 正裝的搭配方式：

很多人會覺得正裝（正式服裝）這兩個字好像離我很遙遠，因為不是業務工作的關係，覺得穿西裝好像跟我沒什麼關係；所以這一章就是示範，就算不是業務相關工作，也可以打扮的有型體面的穿法。

▲藍色條紋款。（圖片提供：i Suit 科技西服）

(1) 全套正裝：

如果你的工作不是專業的理專、業務、公關的話，那

拍照的方式及取景說明

幸福 別放手

　　建議為自己準備一套非正規黑色的西裝；因為黑色是大部份的人都能接受，但沒有特色。

　　而下方的西裝是推薦覺得有型好看，且不會讓別人覺得沒特色的款式藍色格紋及棕色西裝。

▲全套正裝。（圖片提供：i Suit 科技西服）

(2) 半正式的正裝搭配：

如果工作不需要穿到全套正式的西裝，那可以怎麼樣搭配呢？

那就是下身搭牛仔褲，利用西裝搭出半正式又休閒的感覺。在顏色上的選擇需特別的注意，每個人有一個最適合自己的顏色範圍，如果在顏色的選擇上有問題，可以利用 Line QR code 來詢問我們。

▼半正式的正裝搭配。（攝影：張筱羚）

幸福　別放手

3. 休閒裝的搭配：

(1) 皮衣外套：

冬季時可以怎麼利用皮衣做穿搭呢？下方範例有不規則的黑色款及規則，但顏色較特別的黃色皮衣及黑色皮衣。

▲深色衣服搭配亮色皮衣，突顯自信。
（攝影：周建豪）

▲皮衣配牛仔褲，創造時尚帥氣搭配感。
（圖片提拱：時間男人）

▲紳士來自對形象的不妥協。（圖片提供：時間男人）

拍照的方式及取景說明

幸福 別放手

(2) 加上罩衫的穿著：

罩衫是能夠修飾身材的好幫手，又能增加穿搭的視覺層次感。重點可能是有袖子或背心式的做法，但是沒有扣子，類似下圖的樣式。

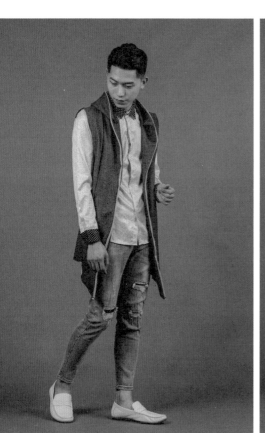
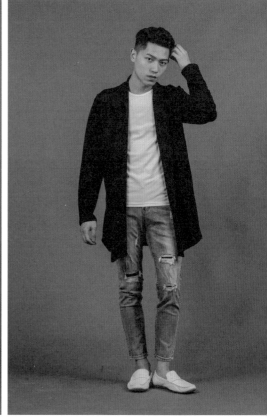

▲罩衫是創造穿搭層次的好夥伴。（圖片提供：時間男人）。

(3) 花襯衫的搭配方式：

　　很多人會覺得花的東西很娘，甚至會覺得難駕馭；但其實只要穿搭的對，「花」也會看起來很有特色。

　　P.S 很多女生其實很喜歡看穿花襯衫的男生。

▲花襯衫配純色褲子，簡單但視覺強烈。(圖片提供：時間男人)

拍照的方式及取景說明

幸福　別放手

▲再單調的西裝，配上花襯衫都能突顯紳士品味。
（圖片提供：時間男人）

(4) 牛仔外套：

　　牛仔外套其實是布料中較便宜卻又耐磨好搭的選項，
可以利用牛仔褲及外套創造出率性及休閒兼具的打扮。

▲牛仔外套是暖男必備。（圖片提供：時間男人）

幸福　別放手

▲正式的款式混搭休閒風格的材質彰顯率性風格。（攝影：墨月嵐）

4. 鞋子的選擇

鞋子往往是很多男生容易忽略的環節，主要的原因是鞋子款式太多，而好看的鞋子總是比較貴，所以大多男生會覺得簡單就好。這邊來說明不同種類鞋款的搭配方式。

(1) 牛津鞋：

▲牛津鞋的搭配照。（圖片提供：時間男人）

牛津鞋是典型的正裝鞋，因為造型簡單，推薦每個紳士衣櫃裡一定要有一雙。特色就是有一組封閉的鞋帶，鞋型偏低跟和窄的腳背，上面通常是整潔和拋光的材質。

➢ 搭配容易度：★★★★★

➢ 場合建議：每一個正式場合。

➢ 服裝型式：正裝。

拍照的方式及取景說明

幸
福
別
放
手

(2) 雕花牛津鞋:

▲雕花牛津鞋的搭配照。（圖片提供：時間男人）

　　雕花牛津鞋的鞋型跟上圖牛津鞋一樣，鞋面會有很多細微的雕花裝飾。同樣從牛仔褲到西裝，可以任意搭配。

> 搭配容易度：★★★★★

> 場合建議：每一個正式場合。

> 服裝型式：正裝 / 窄版牛仔褲 / 窄版休閒褲。

(3) 德比鞋:

▲德比鞋的搭配照。（圖片提供：時間男人）

　　跟牛津鞋類似，德比鞋是另一種常見的禮服鞋類型。然而，在設計上較簡單，有開放的鞋帶，鞋帶部分和底部縫合。舒適的風格適合大多數正式場合，可以很容易地與西裝搭配。

　　雖然傳統皮革顏色加上拋光是最經典的類型，但有些設計也很有味道，像是麂皮的材質，會變得休閒卻一樣好看！

- ➤ 搭配容易度：★★★★★
- ➤ 場合建議：每一個正式場合。
- ➤ 服裝型式：正裝。

(4) 孟克鞋：

▲孟克鞋的搭配照。（圖片提供：時間男人）

幸
福
別
放
手

　　是一個又時尚又獨特的禮服鞋。設計上有一個經典的和帶扣，可以搭配正式的上衣，從商務會議到夜晚派對都可適用。

> 搭配容易度：★★★★
> 場合建議：每一個正式場合。
> 服裝型式：正裝／窄版休閒褲。

(5) 樂福鞋：

▲樂福鞋的搭配照。（圖片提供：時間男人）

是種沒有鞋帶的鞋，通常採用 Moccasin-style 結構。
穿搭舒適，是為正式服裝添加時尚輕鬆的完美之選。如果
想要令人印象深刻，一個頹廢的天鵝絨樂福鞋無疑是全場
焦點。

> 搭配容易度：★★★★

> 場合建議：每一個場合。

> 服裝型式：正裝／九分褲／窄版休閒褲。

(6) 豆豆鞋：

▲豆豆鞋的搭配照。（圖片提供：時間男人）

幸福 別放手

　　豆豆鞋最經典的就是 Tod's，比起傳統皮鞋更舒適。因為是平底的設計，開車時方便踩油門，又透氣又輕，是夏天理想鞋款。

- ➢ 搭配容易度：★★★★
- ➢ 場合建議：適合每一個場合。
- ➢ 服裝型式：牛仔褲 / 九分褲 / 窄版休閒褲。

(7) 休閒鞋：

▲休閒鞋的搭配照。（圖片提供：時間男人）

▲只要有心，每個人都能找到形象自信。（攝影：新娘物語）

幸福 別放手

休閒鞋是最多人選擇的，這個風格可以百搭各種不同穿著及褲子。不過這類鞋種的種類繁多，選擇時還是要注意，大原則以中、低筒的為主較不會出錯。另外就是鞋項的顏色及特殊性要特別的挑過，才能在女性的眼裡有屬於你的品味。

總結

希望大家看完這個章節後，能了解如何提高自己在別人或是喜歡的人心中之評價。養成對於形象的重視後，之後所碰到的每個人，會肯定你是個乾淨、有型且重視生活的人。在我們潛意識也會告訴自己：「對！我就是這樣人。」久了之後，自然變成一個有自信的人囉！

前述的穿搭只有一些基本重點，想知道任何進階的問題，歡迎隨時詢問。

┌─ S 語錄 ▶ ─────────────────

　　　形象是一種尊重彼此的態度！

└──────────────────────────

Nana 悄悄話

很開心可以藉著這個機會，跟大家分享形象與自信的重要性，以及它們之間的關係。這是我非常重視的一個議題！形象可以帶來自信，舉例：談 case 或商務會面時，如果穿得比較正式，是不是會比穿去樓下買早餐的那套衣服還要有氣勢？

若今天要談一個你很重視的大客戶，當換上戰袍後，是不是會感覺說話不一樣、行為不一樣、行動也不一樣了？因為穿得整齊俐落，你的姿態也會跟著相對端正；當穿得邋遢隨便，你的姿態就會過度放鬆甚至不端正。

無論身為一個業務員或是一個主管，還是在一個社交場合認識新朋友，一個人的形象將決定他人與你接觸的第一印象。穿著和言行可以判斷出性格，所以當注重自身形象的時候，對外的你有吸引力，對內又有自信，可謂是在社交與工作極為重要的關鍵。

如果能在第一時間就讓人產生好印象，你覺得讓人想要進一步去瞭解你的機會，是否大大增加？肯定會的！

形象與信賴感也是息息相關，比如一個人的鞋都髒髒舊舊的，會給人一種懶惰、不細心、不整潔的印象，還會有種事業做得不太好的感覺；一個人的鞋子乾淨清潔沒有破損，會給人一種認真、嚴謹、愛乾淨的印象，並且感覺會偏向是事業有成、懂生活品味的人。

　　美國心理學家一項有趣的研究顯示，從鞋子不只可以看出一個人的職業、社會地位、清潔習慣和品味，也可大致看出個性，且準確度高達 9 成。根據美國《時代雜誌》（Time Magazine）報導，堪薩斯州立大學（Kansas State University）和衛斯理學院（Wellesley College）合作一項研究，要求 63 位受試者，觀察另外 208 人腳上最常穿的一雙鞋，並猜測鞋子主人的性格取向；結果發現年紀、性別、收入這三項最容易透過鞋子判斷出來。很有趣吧！所以記得依前面章節所建議的，別忽略了鞋子的細節哦。

　　剛剛舉的例子，只是想讓大家去感受最容易直接影響形象的部分：衣著。但是形象其實並不只是一個簡單的穿著、長相、髮型的組合概念，而是一個外表與內在結合，綜合的全面素質。形象包括你的打扮、言行、舉止、氣質、

修養、生活方式、知識層次、開什麼車、和什麼人交朋友……等等。你的形象是透過你的外型、微笑、目光接觸、肢體語言，聲音語調……等等傳遞給別人你的人格魅力。

再分享一個加分題：人也很容易被聽覺吸引（如同前面 Steven 作者所說的）。練習悅耳的說話方式，訓練有邏輯地清楚表達，會輕易成為受歡迎的對象。Nana 有個好朋友（男生），聲音非常非常好聽，說話風格既溫柔又幽默，無論男生女生都好喜歡跟他聊天，因為光聽聲音就陶醉了，加上又有智慧跟才華，還會公眾演說，所以人緣超好，現在事業愛情兩得意！

說話聲音跟口條，是可以透過練習而進步的，我們一起加油吧！成為那個連自己都愛上的人。

噢，對了！有一件很重要的事，就是請學一下怎麼拍出有質感的照片。這絕對會是你極具競爭力的一個優勢。因為自己會拍照，在朋友圈形象肯定加分，如果還會幫女生拍美照那肯定是再大大加分！

幸福 別放手

用健康
為自信力加值

　　情緒會改變人的作為，當情緒是愉悅的，接受挑戰時會活力充沛、鬥志滿點；反之在恐懼的情況下，面對挑戰會顯得辛苦且漫長。

　　適度的運動讓人愉悅，在運動過程，大腦中會不斷釋放「多巴胺」讓心情感到愉悅。

　　訓練後的放鬆也很重要，最好藉由按摩、伸展，讓緊繃的肌肉可以有放鬆的空間，也再次讓身體因情緒放鬆而達到舒壓的效果。

▲「運動後的人生」。(攝影：趙冠瑋)

多年來，在學員身上所看到的，大部分來健身的人，幾乎都是為了改變身材而來，但能堅持下去養成運動習慣的，絕大多數是因為得到徹底的放鬆。

有過一段時間為了研究關於「健美」的專業知識，因此經常上網看健美成功人士的照片跟影片來學習。發現同樣一張臉，經由健身後展現出的樣貌，煥然一新、驚為天人！前後照片差異頗大。

男生從健身中，可以尋找到個人魅力！女生能從俗女變成一個曲線性感美女！

或許有些人會覺得我是因為職業的關係，所以把「運動」講的像神話般，NO！

▶參加健身比賽。（圖片提供：彭士豪）

用健康為自信力加值

　　對於學員們的改變，我歷歷在目且感動萬分，故事的
每一段情節都是我教練生涯最難忘的禮物。

┌─ S 語錄 ▶ ─────────────────────────────
│
│　　　運動跟喝水都是人生必需品！
│
└──────────────────────────────────────

▲人際互動讓你學會相處上的柔軟。（圖片提供：解政鎮）

自我改造前
該如何調適心態

　　曾說到改變是可以提升自信與自我形象，不過根據這些年來學員的回饋，最困難的關卡有以下幾個：

1. 改變消費習慣：

　　大部份的人從小接受的教育就是「能省則省」，但是在形象及外型這件事情，是種投資思維，要有一筆新的花費投入，但重點是選品的品味而非追求高價。大部份的男生平常在買衣服這件事，可能很習

▶心態決定命運，也決定你的幸福可能。
（攝影：墨月嵐）

幸福 別放手

慣去連鎖品牌店，例如：UNIQLO、H&M、ZARA、量販店、GAP……等這些品牌雖然不差，但容易撞衫，難經營獨特的個人風格。髮型的部分，過去可能習慣去百元理髮，這是快速整齊的選擇，卻無法讓人看起來有型；讓專業的設計師來設計適合的風格也是一項投資。所以要先能說服自己，調整價值觀，嘗試到不同的通路進行消費，走向專業髮廊裡，開創新風格。

▲改變髮型就改變心情。（攝影：你好攝影工作室）

2. 讓生活開始豐富：

　　來諮詢的朋友大部份在生活上，比較少出去走走，一部份是懶得出門、另一部份是工作太累，放假只想在家，再一部份是想省錢。

　　但歷練跟話題，與受到的生活刺激息息相關。透過記錄你平時的生活，讓別人有機會從這些蜘絲馬跡來了解你。

　　將生活豐富起來，體驗人生各種滋味，也是種熱愛生命的展現。

3. 改變思維：

　　很多人習慣覺得自己為對方付出，就要得到對等的回報。同時覺得有不錯的學歷、穩定的工作，沒理由付出是沒有回報的。同時對於「吸引」這件事感到麻煩，為什麼不是在女生面前刷刷存在感就好？覺得策略跟自我提升都是多餘的。

　　人際間的溫度提升，本來就是複雜的綜合感受。選伴侶不是在選青菜、比 CP 值，不該用直線性的方式去量化的；思維改變，幸福才會越靠越近。

幸福 別放手

4. 控制想聯絡的情緒：

通常喜歡上一個人，必然會非常在意對方的一舉一動，所以她的每篇貼文都會照三餐緊盯，忍不住每一篇 PO 文都想按讚，或忍不住的一直敲她，但我們仍必須試圖克制這些行為，因為在還沒肯定對方喜歡上你之前，過度的互動會對她造成負擔，甚至變成反感。

5. 說話講重點的能力：

說話果斷又言簡意賅、若能加上幽默的表達自己，會讓人感到你的自信與趣味。

◀攝影：墨月嵐

┌─ S 語錄 ▶ ─────────────────

不改變沒事，但會失去更多未來的可能！

女神之路
怎麼有人敢叫自己女神？！

對呀，憑什麼叫自己女神呢？

那什麼樣的女人會被認為是女神？人見人愛，舉手投足優雅有自信，幽默風趣，懂生活，堅強勇敢，善良有愛又溫暖，充滿正能量，像太陽一樣溫暖的存在……這些足夠嗎？

如果還會做好吃的菜，熱愛運動，偶爾畫個畫，唱起歌來也還不錯，三不五時就喜歡揪朋友一起去做公益，關懷獨居老人或是弱勢兒童，這樣的一個存在，你會感覺還不錯嗎？

身邊有幾個同學從國小到現在，交情都還是非常好，他們完

▲攝影：你好攝影工作室

幸福 別放手

整見證了一個「醜小鴨變天鵝」的真實故事！

　　其實，小時候的 Nana 非常自卑、害羞、容易尷尬、沒有安全感、很在意別人的眼光、找不到自己的價值，甚至找不到自己生存在這個世界上的意義……

　　我常常問自己：為什麼沒有經過我同意就把我生在這個世界上?! 我人生的起點是從一個冷冰冰的手術台上開始的……那天，媽咪躺在手術台上，準備讓醫生拿掉我，奇怪的是，在那種一天來來往往無數個墮胎男女診所的醫生，通常都已來到手術台，就不會再多說什麼了吧？這位醫生卻持續地勸爸媽留下我這個胎兒（不是要做生意嗎？）最後，我被留在這個世界了。

　　我媽咪在懷孕的過程中，時常因營養不良而昏倒，當時生活苦到沒有錢可以吃得起肉，真的無法想像她是如何撐到把我生出來的?!

　　在我的童年時光裡，父母親為了維持家計，必須很努力很努力去工作，所以我一直都是一個人度過漫長的一整天。學校的家長會、運動會、畢業典禮……我永遠都是獨自出席，父母親一次也沒參與過。我們家的人都是非常

內向、不善表達，出門或回家時都不會打招呼的，就是默默出門、默默回家，也不太聊天，甚至在巷口遇見也不說話⋯⋯曾經與同學在巷口聊天，遇到爸媽，我跟爸媽好像彼此都很尷尬不說話。事後同學知道那是我爸媽都非常詫異，怎麼有家人像陌生人一樣的？！所以小時候我曾經因為感受不到家中的溫暖而向外尋求，我老是往外跑交了很多朋友，大部分是比我年長的，感覺他們能教我很多事也特別照顧我。

不過有一個痛點就是，在求學時期，因為外型容易被異性喜歡，而被同性嫉妒、圍毆霸凌，總是遭到謠言中傷，不斷被找麻煩。那時的我好傷心、好困惑⋯⋯不懂為什麼待人真誠、友善，卻一天到晚有莫須有的罪名加在我身上？

因為不想讓家人擔心，所以從來沒有開口提過這些事，就這樣一次又一次，把委屈吞進肚子裡，不斷餵養著從出生前，就種在心中那種被遺棄的感受。於是開始怨恨自己的出生，對這個世界感到無限疲憊，每一天不由自主地哭泣，被各種自殺念頭纏繞著。國二那年，我患上了憂鬱症。

我開始不想去學校，度過一段荒唐迷茫的青春期。每

幸福 別放手

天要嘛莫名哭泣，要嘛徹夜玩樂麻痺自己，情緒失控還會有傷害自己的行為。高中時有一次上陶藝課，因為肚子痛趴在桌上休息一下，結果老師卻嚴厲地責罵我不認真上課；即便我解釋了肚子很痛，他不但沒有關心我身體狀況是否需要協助，還變本加厲地指控我是找藉口不好好上課，我滿腹委屈一氣之下立馬走出教室，坐電梯想要去跳樓！途中遇見教官見我狀態不對勁，把我帶回教官室耐心諮詢與關懷，才平靜下來。

當我開始知道自己生病了之後，醫生的諮詢和藥物並沒有完全治癒我憂鬱的心靈。每一天都在想什麼樣的自殺方式成功率最高，痛苦指數最低。我時常徘徊在現實與迷離之間，只想消失在這個世界一了百了。有一次吃藥過量，昏迷了兩天兩夜才清醒。被痛苦拉扯著的我，很少去學校上課，國中差點畢不了業。這整個與病魔糾纏的過程，依舊是自己一個人安安靜靜地度過，連爸媽都不知道。說也奇怪，憂鬱症的人其實心裡就像一個無底的黑洞，裝滿無助、悲傷和失落，非常非常孤獨，一個充滿負面的靈魂，要完全只靠著自己就痊癒是極其困難的。

而我竟然透過文字治癒了我的心。

感謝上帝，冥冥之中總在最關鍵的「那一刻」派了天使來搭救我，你們看，若不是上帝奇蹟般的恩典，那個奇怪的醫生為何有生意不做卻要把我留下來？高中時那個溫柔細心的教官，又為何那麼剛好出現在電梯旁邊？從小就喜歡書寫和閱讀的我，在自己一個人生病的過程中，若不是上帝透過文字與我對話，我真的沒有辦法成為現在樂觀積極的樣子……

閱讀和書寫是一種輸入和輸出，能夠幫助我們學習靜心，覺察自己的思考，找到出路。梳理好自己的心思意念，淨化自己的腦袋，澆灌正面向上的能量進去，透過持續不斷地練習，就這樣過了五、六年，終於戰勝憂鬱症病魔，開始更深地認識自己的內在，建立正面的自我價值。

我想，在生命中這些苦難所帶來的翻轉和奇蹟，是為了一個任務，就是成為別人的祝福！所以我開始運用在成長過程中，學習到的經驗和體悟去幫助身邊的人。

在我內心有股強烈的渴望，希望用生命影響生命！我曾困在那片最陰鬱的泥沼、曾待過最寒冷漆黑的角落，讓我深深明白那片黑暗中，若有一道光能照進去，是何等溫暖而有盼望！

幸福 別放手

「願每一個人都能成為自己的太陽，
照亮自己，也溫暖身邊的人。」

▲攝影：你好攝影工作室

「學習可以改變命運！」

我的經歷讓我相信「學習可以改變命運！」所以開始大量學習，學習一些溝通、表達的知識和技巧，例如：主持、公眾演說……等等。也學習一些內在探索以及人類實用心理學，例如：NAC 神經鏈調整術、教練溝通學、NLP 神經語言程式學……等。

當學習越多，內心越充實，能力越強大。運用所學塑造自己成為更好的人，甚至實際幫助到身邊的人，解決他們的問題，提升他們生活的品質；那種成就感和滿足是難以言喻的。

當有成就感，自信就會自然而然由內而外散發出來。當越認識自己，就越能真實地做自己，面對人們就更加從容。當人們與你相處時感覺很舒服，自然就喜歡與你待在一起。

女神之路

幸福　別放手

▲與亞洲成功學權威陳安之老師（右）
　參加鏈戰圓山晚宴。

▲於香港四季酒店和亞洲首席超級
　演說家梁凱恩老師（右）學習公
　眾演說。

▲向亞洲首席超級演說家梁凱恩老師（右）和知名暢銷書作家吳錦珠老師
　（左）學習超級行銷學。

▲赴馬來西亞和亞洲行銷之神陳霆遠老師（中）學習公眾演說。

幸福 別放手

▲ 2017 年成為華人 NO.1
教育培訓機構佳興成長
營創辦人黃佳興老師
（右）的終身徒弟。

◀與互聯網行銷奇才
大 Max 呂水鴻老師
（左）學習不開口
就收錢行銷課程。

▶與世界華人企業家
導師楊濤鳴（右）
於圓山飯店晚宴。

▲和佳興成長營師生們，一起去新加坡向世界第一潛能激發大師安東尼
羅賓學習之旅收穫滿滿。

女神之路

幸福 別放手

▲向諾貝爾和平獎得主尤努斯博士（中），學習如何善盡社會型企業的責任。
右上圖中為鴻海科技集團創辦人郭台銘。

▲遠赴新加坡學習世界第一潛能激發大師安東尼羅賓 2018 UPW 走火
　大會。

▲參加全亞洲金牌業務高峰會。

幸福 別放手

「經濟獨立才會人格獨立，才會有永遠的魅力。」

　　豐富的工作經歷也是造就我培養能力的關鍵之一，13歲就開始打工，在餐廳端盤子、洗廁所、洗碗洗到手破皮！捲起袖子一點一滴地打拼，一步一步具備起能力。

　　做過餐飲業、服飾業、保險、會計、秘書、網拍、英文補習班老師、模特兒、主持人、曲線雕塑教練、演說家、行銷總監、暢銷書作家，2018 年在台大體育館開人生第一場個人售票演唱會。別人開演唱會是為了鮮花掌聲，我開演唱會是為了改變生命！

　　不害怕接觸新的觀念和趨勢，透過大量閱讀和參與講座、研討會，隨時掌握時代的脈動，持續結識新的人脈圈，Stay Hungry, Stay Foolish. 從培養建立事業的能力中，創造獨立自主的生活態度，因為對生活擁有更寬廣的選擇權，內心踏實的自信亦會加增，這會影響我們與家人、朋友、另一半相處的模式和態度。能夠獨立思考，讓我們看待感情時更加單純、透徹。當包袱少了，自身價值高了，就能夠更加專注在靈魂層面，了解對方與我們是否契合。

▲ 2018年在台大體育館舉辦人生第一場個人售票演唱會「愛・旅程──
音樂 × 生命 × 故事。」（攝影：找象攝影室）

幸
福
別
放
手

　　向內尋求的旅程之外，我也開始更多關注外在的世界。期待創造一個有愛、有溫度的世界，不斷為自己和他人製造溫暖和希望。

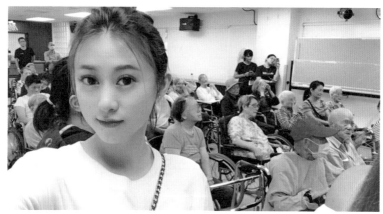

▲幸福是一種心態。（愛愛院天使行動）

▲為仁友愛心家園的憨兒們慶生。

　　也許不能一下子改變全世界，但我們可以讓身邊的人因我們而感覺更幸福。所以開始身體力行透過公益活動去幫助需要幫助的族群。

　　當陪伴著老人家或是孩子們的時候，看見他們臉上的笑容，自己心裡就充滿了溫暖。

　　我看見「單純」的美好與可貴……老人家和孩子們的情感表達都很可愛、很直接。人與人之間，拿掉頭銜、身分認同、外貌，其實沒有什麼不一樣，當我們用心去相處、去感受，快樂真的很簡單。在那個當下，感受到最直接的愛在流轉，簡單的笑容、簡單的陪伴、簡單的愛，就這樣，我自己也被療癒了！

　　很感恩我能夠去給予和付出，事實上收穫最多的永遠是自己。

▶用有限的生命，創造無限的價值。

幸福 別放手

　　聖經在創世紀 2 章 18 節記載：「那人獨居不好」。在傳道書 4 章 9 節記載：「兩個人總比一個人好」。人是需要「建立關係」的，感謝上帝一路上讓我有機會去到很多偏鄉、醫院、療養院、收容所……透過這些關懷行動，不斷地帶領、教導我如何與人建立關係、傾聽與關懷。更重要的是「永遠保持單純的心」。

　　透過公益講座幫助人們探索夢想，找到勇氣和盼望，每當收到觀眾熱烈的回應，喚醒他們深埋已久幾乎快遺忘的夢想，或是給予他們生命的力量，我就無比的感動！

　　因為，看見生命的改變，是全世界最有意義與價值的事！

　　「在這個世界上，你必須成為你希望看到的改變。」

現在，我的大夢想，就是成為一個歌手，透過音樂，將我勇敢追夢的故事傳遞出去，讓更多人的夢想發光，創造幸福、成功、快樂的人生！

▲做真正的自己，就能有底氣地站在人群中。（攝影：找象攝影室）

自從我明確了人生使命：我要透過分享，幫助一億人探索夢想，活出愛、感恩、給予的生命。成為他人生命中的天使。每一天更加充滿動力，持續學習加上運動，操練正面的自我對話，希望透過以身作則去影響人們，漸漸地成為大家口中的正能量女神……

為什麼叫「奇蹟女神」呢？因為我的生命，從原本看

女神之路

幸福 別放手

似因為一場意外而被迫降臨，到後來能夠成為家族的驕傲；從低收入戶，到後來透過努力達成月收入六位數；從憂鬱症到成為朋友們的小太陽；環遊世界、成為演說家、出書、當歌手開演唱會……夢想清單一個一個實現了，絕不讓自己在每一個年初到年末之間留下遺憾，持續勇敢前行，朝著大夢想邁進！

這樣「從無到有」、「從死蔭幽谷到青草地」的過程，就是一種奇蹟，一種生命的力量！心想事成的奇蹟是可以練習的！如果那個曾經躲在黑暗角落，渺小如塵埃的小女孩現在都能夠閃閃發光，我相信正在看這本書的你一定可以發現自己的獨特！因為，你有一顆願意學習、想改變的心，你已經，展開屬於自己的奇蹟旅程了！

一起加油，創造幸福、成功、快樂的人生。

更多認識 Nana 與演講邀約，請私訊 Instagram 小盒子。
Instagram 帳號：nanababy912

我的戀愛貳參事

　　小時候，我喜歡籃球隊的男生，每次走在校園裡經過球場，看見他們投籃的英姿，揮灑帥氣的汗水，心中覺得他們就是學校的英雄，校園風雲人物非他們莫屬！

　　所以我的少女時代，我的初戀，就是籃球隊的學長，像許多漫畫情節一樣純純的戀愛，回想起來都還有那種心跳加速的感覺（笑），當時喜歡上這樣的人物，還承受了不小壓力呢！因為約會的對象是全校女生都喜歡的焦點，大家的夢中情人，所以我當時就瞬間成為被大家羨慕嫉妒恨的箭靶了……

　　純純的戀愛，並沒有持續很長時間，可能小時候還不懂感情，也沒什麼機會一起生活，頂多就是約約會、牽牽手，對彼此還是不夠了解，所以不久後就默默淡出彼此的生活了。但是這一段「漫畫式戀愛」回想起來還是挺可愛的，就像「我的少女時代」電影裡演的那樣，我想這就是

屬於你我的集體回憶吧！致那個單純的、有點甜、有點澀
的，逝去的青春。

巨嬰男炸裂情商極限

　　曾經遇過一個長相特別斯文、乾淨、文質彬彬，非常
清秀的男人，是個學歷很好的海歸人才，在全球前四大企
業工作。起初，他的氣質和很強的專業能力讓我有初步的
欣賞，爾後他的貼心打動了我，但正式交往並且見過家長
後，我完全嚇傻了！

　　他的家人極其寵愛他，就是那種從小到大被捧在手心
的長子，捧到一種程度以至於他不會換床單，不懂怎麼洗
衣服，衣服亂丟，不會打蛋。沒錯，就是單純把雞蛋打在
碗裡那樣！那就更別說其他家事和日常的基本常識了，你
懂的……

　　與這類男生交往的開始，確實有禮貌、有風度，在一
起生活一段時間後，就發現很多大大小小的事，巨嬰男常
常無法決定，舉凡每天吃什麼到旅行行李要帶什麼等。交
往第一個月的一天中午，我問男孩要吃什麼，他溫和地說：

「隨便都可以呀！」我心想他很需要被尊重所以就幫他先分類篩選，問他：「你想吃美式、日式、義式、中式？」男孩說：「都可以呀！」我就選了一個離我們最近的日式壽喜燒問他可以嗎？他說：「都可以！」然後到了餐廳，男孩坐在我對面，眼睛狠狠地瞪著我，不肯吃，我問他怎麼了？他說：「我覺得你很不尊重我！你選了一個我最不想吃的！」當場氣氛直接凝結到冰點……

巨嬰男因為從小什麼都被照顧得好好的，所以能夠自己親手完成的事實在不多，以至於你瞬間像是多了個大兒子，開始做牛做馬，服侍他，操心這、操心那的……

這還不是真正累的，真正讓人心累的是：孩子氣的超低情商！

各種脾氣亂發，比如我看個電視看到欣賞的男藝人，多看一下都不行，直接翻臉！但他自己卻可以瘋狂看模特兒、讚嘆哪個女藝人身材很好之類的……

每次出國旅行必定大吵，其中有一次在國外他又翻臉，朝著我臉旁搥牆壁、摔椅子，原因竟是……他頭痛！但是他認為我跟同行的朋友們沒有仔細地關懷他、照顧他，很

幸福 別放手

不尊重他的感受……然後等他自己氣消反省過後，居然還來討拍說：「我手好痛喔！是不是該去看醫生呀？」

吃飯時刻也是最令人緊繃的地雷區，如果桌上只剩下最後一片月亮蝦餅或是餛飩什麼的，反正只要是剩下一個，你如果直接把他吃掉，即將引爆一場災難……他會一秒暴怒說：「你到底有沒有尊重過我？難道你不會先問過我想不想吃嗎？」我的天，當時我壓力大到都長皺紋，真心不騙！

健康的愛情不會讓你覺得委屈、自我否定，更不會讓你恐懼。

沒有錯愛是包容，但如果你不是父愛、母愛氾濫型，建議放手讓彼此獨自去成長，不要輕易寄望可以改變別人，老想改變別人，要嘛氣死自己得內傷，要嘛內耗老得快。我們要知道自己適合什麼類型的人，頻率相近才好一起前進。

喜歡的人不一定是適合在一起的人

曾經約會過一個演員，非常有才華，在大家夢寐以求的好萊塢發展。他擁有霸氣的外型，極致的身材，豐富的才華，內斂的性格，就是我喜歡的型。

　　我覺得戲演得好的人，都是感性的人，心思細膩藝術家的性格，是成為一個好演員的特質，這樣的靈魂是有趣的、非常有魅力的，他豐富的人生經歷和特殊的生活體驗，讓人很自然的被吸引。

▼陪伴是最長情的告白。（攝影：墨月嵐）

因為這個身分，他走到哪都是焦點，都會得到特殊款待，永遠都有人尊敬地等待著與他聊上兩句的機會，想要請教他圈內的生存之道，想聽他分享人生哲理和過往故事……而他總是謙卑地分享他的人生體悟，細心的照顧著在場的每一個朋友，甚至耐心地跟粉絲合照……有巨星的風采卻沒有巨星的架子，有他在的地方，總是流淌著一種很舒服、自在、安心的氛圍。

　　他是個特別浪漫的男人，也是一個貼心穩重的紳士。很有耐心，知道怎麼去疼愛一個女人而不讓對方有壓力。太多男人只是一味照著自己想要的方式去表達愛，可是你的付出、陪伴，和表達愛的方式，若不是對方要的，反而會讓彼此感到不舒服、壓力更大。

　　就像他初次約我吃飯時，他是這樣說的：「如果你沒有安排事情的話，我準備到陽明山那邊有一家餐廳吃飯，雖然有點遠，我可以兜過去接你，那看怎麼樣妳再讓我知道，Thank you.」雖然那次我沒有赴約，不過他也是很尊重我的意思，等我忙完，他再度提出邀約：「如果你忙完了，也不太累，沒有任何安排的話，我們去喝杯東西；如果太

累那就改天囉。」像這樣主動提出邀約，但很尊重對方意願，也先考慮到對方是否會累，保留空間的約法，我覺得很舒服、沒壓力，不像有些男人現在想約你就一直說服你，或是對你過度關心，付出帶有侵略性，有時候真的會感覺很困擾……

有時候我甚至忙到沒有辦法跟他好好說話，他會幫我披件外套，泡杯我愛的熱茶（知道那是療癒我的小儀式），切好水果（為勞累的我補充維他命）靜靜地陪在旁邊，不打擾我工作，不抱怨我的時間太緊湊，不影響我的步調。這些雖然不是什麼轟轟烈烈的大事，卻是能夠讓我感動的重要的小事。

他有說不盡的好，但他終究不是適合我交往的對象，因為我要的不是短暫的快樂，我要的是穩定的關係。他長年周遊列國在世界各地拍戲，每一天大部分時間都在劇組，他的人生就是奉獻給演戲這件事了，甚至期許他在生命的盡頭都要在片場結束。雖然這樣對待自己熱愛的志業，我認為是一種很偉大的態度，但是對於想要建立家庭的我，我不能接受我只是他在台灣的愛人。

幸福 別放手

關於吃飯這件小事

你也許不抽煙、不喝酒,但是你一定會吃飯。如果你的另一半跟你吃飯時的氛圍不對盤,其實影響是很大的。因為吃飯是人們交流的一個重要時刻,我們在吃飯的時候與對方共同享受眼前的事物,我們在吃飯的時候一起聊天,我們在吃飯的時候享受團聚的溫暖。

能一起好好吃頓飯的人,才是真正能跟你有心的交流的人。

我遇過一個很欣賞的對象,在時尚圈工作,或許是從事這個行業很難好好吃飯的關係,他吃飯總是非常急促,唏哩嘩啦一陣就嗑光桌上的東西,然後出去抽煙。這讓還在餐桌前的人很尷尬,到底該慢慢品嚐還是也要趕快吃一吃?這樣吃飯真的不太放鬆,沒有辦法被美食好好療癒啊!然後我最沒辦法接受的是……吃飯時,不停「滋～滋～滋～」地發出吸吮菜渣的聲響……(是不是想吐了)再帥也是沒辦法啊啊啊!

很多人不注重飲食的禮貌,不自覺狼吞虎嚥的壞習慣,不只破壞自己的形象,更讓對方反感。所以,一定要注重

餐桌上的禮儀。吃飯也許是件小事，但卻是每天要經歷三次的事，如果無法和另一半愉快地享受吃飯的時光，某種程度上會有點空虛……

我們需要的並不是一個異性，而是一個頻率相同的靈魂。

從女孩到女人　那些最美的時光

你人生中有沒有出現過一個人，自從遇見他，你的世界從此只裝得下他？

有一個男人，我用了我人生三分之一的時光愛著他……

那時間，讓女孩變成了女人。他是陪我一起牽手走入不同階段的伴侶。

▲好的另一半會讓你更愛自己。
（攝影：Nana）

幸福 別放手

從國中我就開始愛上 Hip-hop Music, 沒想到後來真的跟喜歡的饒舌歌手交往了……

和他在一起的快樂，就像沐浴在溫暖陽光之中那般舒服慵懶。

我們的生活步調很相近，我們喜歡的東西也很像。

最愛與他在晴天的午後，帶著狗狗一起去野餐，坐在公園裡曬曬太陽，超級滿足！

我們都愛騎著腳踏車去觀察這座城市，穿梭大街小巷愉快地探險，把煩惱都遺忘。

我們可以天天看電影也不膩，然後一起討論電影中，我們各自感受到的啟發或是有趣的體驗。有時侯，只是什麼都不做躺在沙發上，看些老電影或是 Discovery 頻道，也不覺得無聊。

如果他在 studio 錄音，我就在隔壁看書或者寫文案，我們很享受在一個空間各自做著自己的事，但是心中陪伴著彼此的默契。

總是期待聽他分享作品的時刻，一個男人認真工作的樣子實在太迷人了！

　　跟他在一起的日子裡，連颱風天都是美好的，因為可以欣賞他下廚的背影，可以黏著他一整天盡情撒嬌。

　　他是我最好的 buddy，我們有聊不完的話題，常常一不小心聊到天亮……

　　這麼長的歲月裡，我們之間熟悉到親如家人，卻沒有一天不新鮮，每一天都像剛在一起時的臉紅心跳！

　　時光飛逝，而我們伴隨著彼此成長。一個好的伴侶會提升你的眼界，增長你的智慧，豐富你的人生，讓你成為更好的人。於是永遠對彼此認識不完，永遠沒有厭倦的一天。

　　真正愛你的人，不是一直不斷地否定你、限制你，而是會讓你很舒服地做自己，他會讚美你、尊重你。他不會要求你做任何改變，但是被他愛著的你，會想要為了他而讓自己更好，好的另一半會讓你更愛自己。

　　感情不是得到就是學到。我感謝，生命中每一場相遇，讓我成為現在的自己。

　　愛自己，是一切的答案。

幸福 別放手

小美的故事：
心態給了我要的未來

文／彭士豪

　　記憶中的家庭生活一直都是與妹妹跟媽媽一起生活，而爸爸的角色都只是負責賺錢，長期外地工作，假期才會在家。然而媽媽的教育方式偏向苛責，缺乏鼓勵與讚美，大概也是由於我自身個性從小好動頑皮吧！

　　為了不讓孩子走偏的媽媽，才會採用如此教育方式培育我，長大後的我似乎也明白（這樣的教育叫做謹慎關愛「愛之深責之切」）。

　　初起對教育心態誤判的我，凡事先從壞處設定起、不敢想的太完美。當下不懂事的我，無法真正體悟從中的意義。還是小孩時期只知道當爸爸在家時，我必須表現出「乖乖地」、「安靜地」努力讀書的樣子，滿足爸爸對小孩們的期許！

　　家裡的觀念是不讀書就沒出息，學校給我們的教育依然是萬般皆下品，唯有讀書高；偏偏上天賜於我良好特質只有運動神經發達，天生好動的我就此被貼上「不乖」標籤。我能體會那種想做自己但又不被別人認同的無奈！

　　當時我是個媽寶淘氣男，一直很想獨立，但總無法自己做決定。所以順著父母的心願，就讀一般大學，但我心裡真正喜歡的是「運動」，礙於現實的壓抑，跟對於未來的不確定感，選擇放棄了自己所愛。

　　其實最想告訴大家的是：如果你有夢，就該勇敢去追求。那些年勉強自己的時光，讓我非常痛苦！那種感覺就像我們錯愛一個人，想分手但因某些原因離不開的無奈；青春只有一次，不論你是喜歡音樂、健身、烹飪、手工藝，在最有機會追夢青春年少，就該讓自己發光發熱。

　　曾經在網路上看過一個影片，是訪談養老院的長者們，這輩子最光榮或是後悔的事是什麼？大部份在臨終前，都悔恨沒在年輕時去做想做的事。有一句話說：有些事，現在不做，以後就沒有機會做了。突破人生的可能性，會得到別人搶不走的禮物。

打工與人生的轉折

在加油站，工作內容僅於替車加油和休息，2 小時不到讓我解雇了老闆，又開始那渺無目的的生活。

時間一過，除了個性沒變以外，其餘都改變了的我退伍了，是個大男人了！

但……負面個性的我還是個標準邊緣人！首要挑戰的當然就是在人際上，跳脫邊緣人的狀態囉。

為擁有好人緣而找了百貨專櫃的工作，從此多了「小美」的稱號……（有點娘，但讓人超好記的）。服務業屬於人與人需要多互動的工作，那個時候重新建立生活方式，學會表達是基本溝通的橋樑。我不斷的探索著人與人之間的互動交流，也陸續上過不少相關課程，終於明白，原來想法變了、態度變了，才有機會改變自己的人生。

心態決定命運

退伍後換了不少工作，隨著歲月流逝，年紀漸長，但內心終究處在不平衡的狀態，工作上的歷練並沒有帶來成就感。我知道自己很不快樂，也重覆的問自己：這是不滿

足現狀嗎？（P.S 創業後才明白這是老天給我的禮物，讓我在管理健身房時，能兼顧敬業態度、客訴處理能力及銷售表達力。）

這時一場大雨，像神水洗滌疲憊不安的心靈，興奮映出了萬物姿態，激起正下班回家路上，腦海中降臨太多太多自己存在的價值在哪裡了（突然覺得我想為了自己的人生拼一把，YES！）

◀我要的幸福是什麼？（攝影：你好攝影工作室）

幸福 別放手

有一句話是我這幾年的體悟送給大家：

「能力取決於先天的天賦以及後天的刻意練習，而意願也取決於先天的意願天賦以及後天的環境和經歷；而天賦，就是你看不見的努力！」

經過那天的洗滌，我回到跟體能有關的行業，心情特別亢奮，雖然那時還賺不到什麼錢，卻能都帶著一顆期待與熱忱的心對待工作，甚至告訴自己「它像是我的生命」。

那時選擇了在小型健身房擔任總教練，為了嚴格控管專業服務品質開始努力提升自我專業，挑戰各種新知識，閱讀書籍，定期去上相關的專業課程以及考證照，這個時候才發現原來專業知識這種東西是學無止盡。

說也奇怪是「運動」影響了我，開始有了閱讀習慣？還是心態改變了？明明印象中，是一個無法好好看書的人，後來發現其實我是一個可以安穩坐下來靜靜看書的人！這也是這輩子從來沒有感受過的事情。（大概是小時候我連漫畫都懶得看字的緣故）

為做教練而研讀專業知識，養成一個看書的習慣，也了解到很多在日常生活裡用得到的知識（舉例：飲食的概

念）「運動」改變對自我價值的期待，心態帶領著迎接美好的每一天。

走上了創業路

經過了那些日子在小型健身房的歷練，我決定走上如同本書的主作者 Steven 的同一條路，那就是創業。

但一開始是從自由業的健身教練開始，跟每個創業新人一樣，沒有名、沒有資源、也沒有學生。就算免費教學，還是無人問津。等一切水到渠成的時候，大概都不曾想到，那些堅持終會值得，那些不曾放棄的努力。

所以決定回到人性的本質，「交心」，這其實也是我認同 Lavino 的地方。不論人際還是愛情，先以交心從朋友當起。大家慢慢看到我的努力，同行的 Anderson 教練（本書的推薦序）及其它的教練，陸續介紹學生給我指導，我很珍惜每一個對我信任的學員，不容忽視任何一滴閃失。嚴格指導，專業執行，一直是自我要求的指標，至今都是如此！

「努力的結果，不一定會是成功，但絕不會是後悔。」

身旁的人看見我努力過程中，學員的人數慢慢的增加，

也開始做出口碑，學員開始轉介紹新朋友。這些成果，建立起自信心，心中更是充滿無限對未來的想像與發展。但因為健身房需要遷移到外地的關係，所以只好帶著我的一批學員，尋找場地開啟了一間小健身工作室。

這時的創業，嚴格來說才真正開始，在新竹開啟屬於自己的健身房（RRT 體適能空間），也找來一位非常信任的伙伴—阿德成為共同創辦人。從兩個人開始，一點一滴不假他人之手創造我們健身房的一切。這個空間裡的一切，

▲健身是成長的力量，圖右為阿德。（照片提供：解政鎮）

不論是油漆、地板、塗鴉……等，都是我們用全手工的方式創造出來的，我想創造出一種「家」的感覺。很幸運在這些年的時間裡，我培育出很多優秀的學生，有幾位因為很認同我們的理念，後來都成為我們健身房的教練。

運動灌溉我心靈成長

這時候讓我想到在成為私人教練之前，曾經有上過心靈課程，這課程不斷的在探索個人內心世界，讓你看清楚自己，懂得自我覺察。當真正面對自己的問題時，你會發現心中的一切障礙都不是太大問題，但在還沒有覺察能力的時候，我們天性較容易逃避自我問題，要嘛忽略它，要嘛是給其它理由去合理化。

揭開自我內心障礙後，讓我對這個世界的價值觀以及面對事情的一切，也變得很正面。（這很重要）

「觀念改變成就一切可能」

一個人的內心改變，所做的一切都會改變，這個世界也會跟著改變。

運動訓練讓我變得強壯，強壯就有安全感，當努力後

受到的肯定，就產生了自信心，心態強化自信心。健身這件事，深深影響著我的人生觀，一直到現在及未來。以前是為自己，現在是把觀念帶給別人。

▲照片提供：彭士豪。

人生智慧的加分題

　　一路走來，心態調整後，才發現自己的一片藍天，心態確實是主要關鍵，過去一直沒有辦法量化一個人完整的改變，會需要那些環節；以前覺得健身就是改變一切的工具，但自從認識 Lavino 之後，我改變了這個想法。

　　曾有一個學員，學習了幾個月的健身，一開始是一個

非常害羞的人，生活單純，想健身的原因是因為想改變自己，得到健康與良好的體態。但在教學的過程中，我知道他更渴望的是……交到女友。我們的多位教練都有給他許多建議，卻沒有太多幫助。

這時我就把 Steven 介紹給他認識。

大約在 2 至 3 週後，他再回到我們的健身房，所有人都發現他有非常大的不同。他變得能夠侃侃而談，還會主動分享自己的一切與生活，甚至是外型穿著上也變得更有型得體。

看到他的改變，終於解開我對於量化改變這件事的疑問，原來任何人只要心態上有想改變的動力，再找到一個能夠給予精準建議的教練，就能得到全方面的提升。這點不就跟我們 RRT 的原則一樣嗎？

在開始健身之前，一定要先學習如何運用對的肌肉及放鬆肌肉，只要學會對的運用方式，你的健身計劃會事半功倍，同時又不會受傷，才會得到你滿意的結果。

愛情跟人生的改變也是，要先知道自己是怎麼樣讓別人喜歡上你的，當清楚原則後，再對症下藥去提升相對的能力，就能練出你在自信裡的「肌肉」，而且比較不會受傷。

小美的故事：心態給了我要的未來

幸福 別放手

▶圖為 RRT 共同創辦
人巫禹德。（攝影：
趙冠瑋）

交往節奏掌握指南

　　透過學員分享，在開始學習兩性互動時，常卡關在不知如何判讀自己所身處的階段、當下該出什麼招，能夠讓情感加溫？為了解決這幾個困擾歸納出五個步驟及四個環節，如地圖一般讓你清楚當下所在的互動位置，以及適用的應對策略：

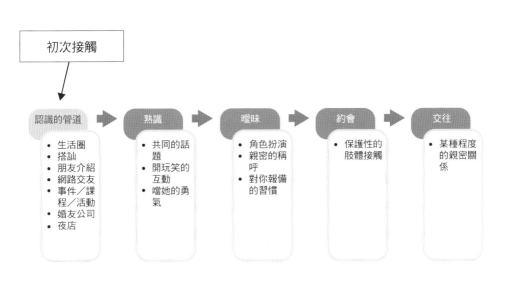

初次接觸

認識的管道
- 生活圈
- 搭訕
- 朋友介紹
- 網路交友
- 事件／課程／活動
- 婚友公司
- 夜店

熟識
- 共同的話題
- 開玩笑的互動
- 嚐她的勇氣

曖昧
- 角色扮演
- 親密的稱呼
- 對你報備的習慣

約會
- 保護性的肢體接觸

交往
- 某種程度的親密關係

幸福
別放手

以上的五個步驟我們在這邊說明一下：

1. 初次接觸

這 7 種管道，是現代社會要認識異性最常見的方式，也提供給想認識異性卻苦無門路的讀者參考，其中一至六項是我們比較推薦的管道。第七項的「夜店」因為需再考驗個人的形象及社交活潑性，所以比較不推薦。

但其它的六項都是非常好的方式，這也是過去都親身體驗過的方式，認識了許多不錯的交往對象及人生好友。強烈建議，每一個管道都必須試過，沒有絕對的好與不好，看自己可接受程度去選擇適合的。

但必須要先有一個主動的心態，千萬不要想著等別人介紹就好，或是找了一個平台，就把所有希望及壓力放在這個平台上，期望他們可以為你的人生及幸福負責。

(1) 生活圈：

這個管道挑工作性質，如果幸運的身處大眾服務業、業務、或自身有長期進修等，相對有較高機率可以與身邊的異性自然的建立連結，雙方信任感也會較高。

如果有意在這個圈子建立吸引力，個人特色記憶點、工作專業形象建立都是相當重要的。「認真的男人最有魅力」雖然是俗話但不是沒道理。有所行動前，先確認所處單位的文化，如果對於辦公室戀情有所忌憚，切記要低調。

(2) 搭訕：

這是一個很有效可以練習自己與陌生異性互動的做法，但未必是每一個人可以接受。

開始前先掌握住不是「為了搭而搭」，在沒有正確心態建立前，你的尷尬與不自然絕對會嚇走對方。應該把它融入到自己生活中，不管閒逛、誠品漫步、Starbucks 喝咖啡；因為當下的場合，存在不少開啟話題的媒介，借力使力，勇敢搭起友誼的橋樑，拿下對方的聯絡方式吧！

(3) 朋友介紹：

如果能讓朋友主動介紹女生給你，代表人緣及人品一定不錯。這是一個能夠快速在一起的管道，因為有了朋友這層關係，對方的信任度一定會相較於其它管道高。

但是介紹歸介紹，後續要想有戲，就要「主動邀約」，多藉由約吃飯、逛街、逛書店等。初期的邀約建議以「可

以當面對話」的行程為主，而非像看電影這種，無法立即有互動的行程，容易耽誤你們彼此熟悉加溫的時間。

(4) 網路交友：

網路交友的情境，第一重要的是回文的真誠，如果你回文的格式，還像罐頭一樣沒溫度，別怪女生不回訊啊！多留心生活中的體驗、特別的電影帶給你的影響、你愛吃的食物、旅行的美好經驗、結合價值觀的整理，把握住「讓人秒懂」，見面可以聊什麼的原則，就能大大提升收到回音的頻率。

(5) 事件／課程／活動：

事件，簡稱為緣份或邂逅。像是排演唱會門票、節慶活動、園遊會、才藝進修、生日 Party、茶會、讀書會⋯⋯等這些事件在短期內有自然的共同交集。

這些管道中若想吸引對象，重點放在自身能散發出：多元興趣、活潑、積極認真、擁有好奇心、探索未知⋯⋯等正面訊息，才能讓頻率相近的異性注意到你。

(6) 婚友公司：

這是一個相對被動的方式，婚友公司會依個人條件及

期待的對方條件去配對，但因女生的數量不多，一年可順利排約到的數量大約是 2 至 3 位。所以大部份的時間，還是要靠自己去認識新的女生。調整好自己的狀態再去認識，才可能在為數不多的前提下，讓大部份女生對你留下印象。

(7) 夜店：

這是一個音樂大聲、酒精多的環境，很多時候關係建立的快，但未必會遇到真正適合你的女生。如果你的個性沒有調整到 High 咖狀態，在夜店就只有坐冷板凳的份！

— S 語錄 ▶

桃花不是靠算命或祈求而來，是靠主動積極而來！

想了解更多技巧的問題，可以加入官方 Line 帳號來詢問：

官方 Line 帳號名稱：Lavinoinc

FB 粉絲團：

2. 進入熟識階段：

記得念書時期跟朋友們的互動方式嗎？剛開學時大家不太熟都很安靜，但經過 2 至 3 週後，整個教室都變得吵吵鬧鬧的。那你跟朋友是怎麼熟起來的，還記得嗎？

會熟的原因，是因為開始有共同的話題，開始敢開玩笑，彼此互動變自然了，所以用更輕鬆的方式互動，接著就熟了！與異性之間也是這樣的道理，只要互動得宜，可能在認識那天就變得很熟識，可以自在互動。

3. 營造曖昧期：

任何感情開始前，一定要經過曖昧階段，這個時期可以說是在一起前的預習階段。那要如何開始進入曖昧階段呢？先從「角色扮演」開始，可以運用任何電影、戲劇、生活中的角色，來假設你們已經在一起的感覺，再搭配適時的親密稱呼（但要看你跟她的熟識度，若平常沒什麼火花，就不能隨意使用），這親密稱呼可能是你幫她取的外號，又或者是寶貝、親愛的……等只要女生開始會對你有報備的舉動，例如：我等等會跟朋友出門唷、我到家了、

我跟家人出去幫 ××× 慶生……等這都代表你在她心目中已經有一定程度的份量。

4. 創造約會：

這是在最重要的升溫階段，前面所提到的 1 至 3 階段其實還沒見面前就做的到，但是能不能在最快時間在一起，還是要經過約會來確定，不論你會不會緊張，能順利升溫的關鍵，都要先從保護性的肢體碰觸開始，而她也會更確定對你的感覺。

5. 交往：

這是確定關係前的最後一哩路，很多人之所以跟女生一直戀人未滿，或一直維持朋友的關係，就是因為在關鍵時刻，不敢對女生做一些更直接的肢體動作；很多人以為彬彬

▲情感升溫是感情開始的關鍵。（攝影：解政鎮）

幸福 別放手

有禮的紳士風範是最佳的做法，但是如果要到交往階段，就不能再這麼彬彬有禮囉，一定要透過更明確的肢體碰觸（例如：牽手、親吻）讓女生知道你是個有自信且能勇於表達好感的男人，只要敢勇於執行，就會決定與對方在一起的速度。

▲愛情不論面對多有吸引力的對象，都必須拿出你的自信。（攝影：墨月嵐）

【如何創造成功的邀約？】

很多人覺得會打扮、看起來有自信的女生很難邀約或接近。其實，很多女生跟男生一樣，內心都有某個環節是

匱乏或是較沒有自信，所以千萬不要被表象的判斷限制了你的行為。

　　以下提供幾個面臨自身關卡的解決方案。

1. 第一關：先突破自己的緊張，不論對象多麼美又有吸引力，都要克服自己的不安，勇敢提出邀約。P.S 有時未必第一次提出邀約就會成功，不成功的話很正常，再勇敢嘗試即可。

2. 第二關：形象是女生會不會出來的重要依據，這邊指的是 FB、IG、Line、網路交友軟體……等社群上的形象，如同前面形象章節所講的方式去建立，不過在建立時要拿捏一個合適的尺度，不要在內容上過度去強調個人的專業或是講大道理。話題過於嚴肅，少了親切溫暖，難以親近。

3. 第三關：邀約盡可能直白、簡單；大部份的女生只要不討厭的情況下就願意出來了，大都時候也不會想太多，單純就是一個認識朋友的心態。直白、簡單的意思就是「不需找奇怪的理由來邀約，譬如：我想幫妹妹挑香水、我想找一件褲子……等」；直接了當的提出你想跟她共

幸福 別放手

進晚餐或咖啡，就可以順利確認約會了。出來約會喝茶是一件很正常的事，放下得失心與執著，自在的相處才能產生感覺。

┌─ S 語錄 ▶ ────────────────────

你學會放鬆自己，對方就會跟你有一樣的狀態！

└────────────────────────────

另外，我們有特別準備一個 QR code 給大家下載，這個檔案可以讓你知道所有「追求流程中」的重點：

◀追求流程心智圖。

┌─ S 語錄 ▶ ────────────────────

人不是規格品，但你要懂得吸引的基本規則！

└────────────────────────────

Nana 悄悄話

關於認識女生的管道，朋友介紹大概可以說是排行第一了！

朋友介紹最好的狀態就是，在平常就做人成功，為人處世受到朋友信任跟喜愛，大家喜歡跟你在一起，也樂於帶自己的朋友來一起交流。很重要的是，請儘量出席朋友的重要場合，像是：生日、婚禮、慶功宴……等等。定期跟好友聚餐，揪一些有趣、多元的活動，像是：爬山、衝浪、健身、露營……之類。

總之就是「走出去」，生活越精采，越容易擴展豐富的人脈，話題也越多。一個有好聽故事的人，就像一本讓人愛不釋手的好書，想要一直讀下去……

▲好朋友豐富了我們的生命。（攝影：Nana）

再來非常推薦大家積極參與各類課程，無論是烹飪、品酒、畫畫、唱歌、吉他、投資理財、心理學、公眾演說……任何有興趣的課程，都是能去認識優質異性的好機會。一個不停進步又擁有才華的人，絕對是很有魅力的！多了同學這一層關係，其實就先拉近了距離，擁有初步的信賴感。

會在同一種課程出現，表示你們在某部分志同道合，已經比很多人頻率更相近，可以有共同語言，彼此感興趣的話題，在喜愛的事物上面一起學習成長是很棒的一種感覺。

世界第一潛能激發大師同時也是兩性關係專家——安東尼羅賓的課程，安東尼羅賓說過：「人類有六大需求：確定性、多樣性、重要性、愛與連結、成長、貢獻，如果你能滿足對方第一到第二項需求，對方就會喜歡你；如果你能滿足對方第一到第三或第四項需求，對方就會把心給你；如果你能滿足對方第一到第五甚至第六項需求，對方就會願意聽你的並且愛你到靈魂深處！」所以，參與課程是難得的機會，有機會滿足「愛與連結」、「成長」、「貢獻」這幾項相對高層次而且細膩的需求，比起其他相處的場合更能產生靈性的連結。在自我進化中，遇見更好的彼

▲在新加坡 UPW 潛能激發課程挑戰走火成功。

▲與阿里巴巴火趣小視頻創辦人孔靈（中）一起參加 UPW 潛能激發
課程。

幸福 別放手

此，何樂而不為？

　　網路交友可能較具爭議性，許多人不太相信在這片汪洋大海中，能真的遇見優質又交心的對象，畢竟很多交友軟體也俗稱「約砲軟體」。

　　但是近幾年身邊不少朋友，因為使用交友軟體而遇見契合的另一半。我有一位紐約的好姐妹，就是在交友軟體遇見他現在的老公呢！還有一位香港的朋友，也是透過交友軟體，與一位美麗又有能力的女孩在一起，穩定交往了四、五年。緣分這種事很難說的，關鍵是把自己的形象打理好，放上真實而且讓人看起來舒服的照片和動態，不然只會吃閉門羹哦！

　　搭訕是有難度的，需要很多勇氣跟操練，我想你們應該都同意吧？如何在第一眼，兩三句話就讓人家對你有好感，不認為你很奇怪、不是詐騙集團、不是酒店經紀、不是很輕浮、不是缺女人，真的需要有很好的形象、神態自若、說話方式有禮貌，並且吸引人，讓對方感覺認識你好像也不錯，或許可以交流看看，確實需要深厚的累積啊！

　　不要抱著什麼把妹的心情去搭訕，成功率會比較高。

　　若以做業務陌生開發那樣，看見優質的對象，用自然的態度前去聊天認識，比較不容易被排斥。

　　小叮嚀：讚美會讓對方智商降低一半，但請真誠觀察對方優點，再給予細緻的讚美，細緻的讚美比一般的讚美，能夠直接打入對方心裡，讓他感覺你懂她的獨特。例如：「你的髮色很特別，低調但是卻很有型，請問是在哪裡染的呢？我正在找有 Sense 的設計師⋯⋯」

　　切忌沒靈魂的官腔讚美，或是油腔滑調！例如：「我覺得妳好漂亮，可以認識你嗎？」這種話很沒內涵，而且我們都聽膩了！

　　「信心沒有行為也是死的！」聖經雅各書 2 章 26 節如此記載。

　　日積月累的學習與持續不斷提升自己，散發由內而外的自信，便會逐漸開始成為有好人緣與魅力的發電機，遇到自己心儀的女性，請勇敢、大方，但不疾不徐、不具侵略性，適當展現你的好感度。給彼此好感訊號，一步步確認意願，然後試著除了一些貼心舉動、真誠關懷之外，製造一些浪漫時刻吧，如果對方都沒有閃避的話，請勇敢牽起她的手！

▲沒有人能拒絕真誠又自信的你。（攝影：你好攝影工作室）

　　舉止大方是自信的表現，貼心和關心是用心的實際行動；給彼此足夠時間相處，慢慢認識雙方不同層面的樣貌，是對這段關係的認真與耐心。生活中的浪漫是表達對她的重視，保護性的肢體碰觸，是確認彼此是否與對方感覺是舒服的，也是確認對彼此有沒有安全感的初步行為指標。互動上過與不及都有可能令你錯失一個好女孩，所以請學會適當表達愛，但也要耐心不要急著所有事都做完哦！我們期待你是一個優雅而神秘的紳士。

┌─ S 語錄 ▶ ─────────────────────────────────
│
│   「學習」，永遠是人生的重要課題！
│
└──

▲與好友一同參加 MMI 有錢人跟你想的不一樣財商課程。(照片提供：Nana)

幸
福

別
放
手

▲旅行是一場華麗的冒險，遇見不一樣的自己。

▲說走就走，是人生最燦爛的自由。

在一起容易　相處難的學問

一段感情順利開始了，那我們的學習就結束了嗎？

在一起後的複雜度，才是一個更深的學問，現在我們的行為及思考方式，絕大部分承繼著「原生家庭、成長背景、過往感情背景」這三元素所影響，來看一下它們是怎麼影響我們的呢？

◀擁抱內在的孩子。(攝影：你好攝影工作室)

幸福　別放手

一、原生家庭：

　　原生家庭是從小成長的地方，有著與父母互動的方式、和父母對於長輩及價值觀的觀念，Steven 小時候是在一個管教比較嚴格的家庭長大，爺爺是軍人，父親傳承爺爺對待小孩的方式，自然比較嚴謹。從小我們都是一路被打罵長大的，所以在學生時期，非常沒有自信，甚至有人群恐懼症，只要一到人多的地方，就會非常緊張與害羞。

二、成長背景：

　　求學時期是大部分人不算短的一段時光，從小學到大學就整整有 16 年的時間，這 16 年讓我們從童年到成年，與同學之間的相處、遇到的老師、或是成績的表現，都影響我們思考事情的方式及人際之間的表達方式。

　　曾經有一個學員，在國中時期就曾經被三個女生言語霸凌過，因此壓力過大得了憂鬱症。花了好多年時間去精神治療後，才回復到正常人的生活，但在言語表達及邏輯上，還是留下了一輩子的影響。

◀家庭是一切愛的力量。
圖 中 為 Steven 阿 嬤、
圖 右 為 Steven 阿 姨。
（攝影：黃仁杰）

▶原生家庭決定我們的人格
與思維。（照片提供：解政
鎮）

三、過往感情背景：

　　付出愛與被愛是一種需要學習的能力，在這個能力尚未成熟前，我們對於「愛」這個字的定義，大都是用滿滿的限制性框架，認為在愛情中的要求，一切都是理所當然。但卻忽略了對方感受，缺乏個體性的尊重，情感勒索而要求來的東西，並不長久。比較好的表達方式是，例如：「你如果願意幫我 ××× 的忙，我會覺得很開心」、「如果妳不累，妳願意陪我去 ××××，做 ××× 事情嗎？或是我一個人也很 OK」。

　　兩個人要互相喜歡已經夠難了，在相處上更是需要智慧，盡量降低雙方感情損耗的可能，別壞了一樁美事。

　　為什麼在一起後的相處，會跟以上三個元素有關呢？

　　因為每一個人的個性，都是由這三個元素所組成的。就如同本書作者 Nana 所提到的「巨嬰男」，這個男生的情商不高，易怒又自我中心，只要他不是最被關注的那一個，就會對外責怪沒有照顧到他。

　　這樣的行為模式多半是在原生家庭的互動中建立的，只學會用憤怒表達，才能討到愛，在家庭中被愛不夠的

人，面對愛容易感到挫折，對建立愛的關係不夠信任，也影響兩性關係的健康發展。

而成長背景這件事，最直接的影響是自我認同。就像 Steven 一樣，求學時期在同學眼中，是非常怪咖的一個人，平時只能獨來獨往，會對自己貼上「孤獨，沒有人可以真正了解我」的標籤。當我帶著這樣的標籤，試著主動去接近別人時，自然也無法建立良好的互動關係，惡性循環下，還真的成了一個不受歡迎的邊緣人。

因此訓練自己，在成長過程中提升自我覺察力、找回自我認同感、建立自我價值，是很重要的人生課題，因為學無止盡。

過往感情經驗，也是影響我們對自我觀感很大的因素，容易把別人的標準當作行事準則，用別人的標準，確認自己存在的價值。得不到肯定時，就容易產生自我懷疑。或是感情結束的原因，出於對自己的全盤否定。像是被劈腿或是被用苛刻的言語攻擊，如果在還不夠成熟的人格狀態下，這道傷會頗深，甚至變得「不再相信愛情」。要提醒自己，覺察內心傷疤並且積極療癒，否則帶著上一

段包袱，讓下一段感情剛開始就存有不健康的芥蒂，這並不是件好事。

　　前陣子 Steven 有一個認識很多年的女生朋友，在感情中遇到問題，經過諮詢而成為我們的學員，她的故事是這樣的⋯⋯她是一個條件不錯，從事業務工作的女生，出社會以來，就在同一公司服務了 7 年，這 7 年來追求她的人無數，而她也沉浸在一個隨時有人約，不管工作、生活中的異性，都對自己非常好，索性就覺得自己不需要感情也可以過的很快樂。

　　就這樣經過了 7 年單身生活，卻在某一個時期，同生活圈的男生對她展開追求，她接受，並在一起一個月的時間。但在剛滿一個月的時候，男生提出分手，她只感到怎麼這麼突然？不知道內幕會覺得男生怎麼這麼狠心？！

　　然而實際故事是怎麼樣的呢？一開始男生對於女生的追求很熱衷與貼心，而女生的內心是一個相對保守且嚴謹的人。同時在過去的感情背景及原生家庭裡，她都是被捧在掌心上，覺得一切的好都是理所當然。在學生時期的感情裡，總是一直有人不停的追求，就算是她有男友的情況

202
/
203

下，還是很多愛慕者積極邀約，所以她也就養成了「公主」的個性。會覺得別人對我好是應該的，反正不管我的個性是好是壞，男生都會包容我。從來沒有意識到自己有一天，會需要改變並投入成年後的感情。習慣只關注自己的需求，而沒主動探索對方的需求，會使對方感到被忽略，在缺乏正向情感回饋的情況下，讓人感受不到投入感情的誠意，感情的天秤終究會失衡。

接著壓垮駱駝的那一根稻草，是她在出國工作的前夕又鬧脾氣，出國期間男生試圖找她，得到的卻是她完全消失不回應。當她回國後，男生對她提出了……「分手」！

上面的故事呼應前面所講的三個元素：原生家庭、成長背景、過往感情背景。通常如果沒有別人提醒我們，我們都是靠習慣在過每一天的生活。不論是說話方式、思考的方向，這樣的習慣同樣也會跟著我們面對工作、感情。就像上面這一位主角，就是因為過去的背景，讓她非常習慣別人來配合她，而不是自己每一年都在提升與進步，進而影響到她的感情，如果早一點認知自己個性需要調整之處，或許這一段感情就不會這麼快夭折，甚至能走到更長

遠的未來。

　　很多人會覺得只要能夠在一起，對方應該要讓我做自己＝什麼都不用改變，這是一個需要調整的觀念。做自己是理解自己的需求與地雷，告訴對方怎麼配合會更好，並且你也理解對方的需求或地雷，協調出一個雙方都能接受的相處節奏與模式，而非相互忍耐。

　　值得一提的是，感情不論在那個階段，都會有潛在的風險，不論是任何一方可能提出分手，又或者有更具優勢的競爭者，都可能讓感情劃下句點。與其擔憂各種無常，不如思考如何珍惜。把握好每一個能好好相處的當下，創造美好回憶，感情自然更緊密升溫。

─ S 語錄 ▶ ─

　　在一起的同時，也是重新認識自己的過程！

Nana 悄悄話

如同葵花寶典般的神奇話術，只能帶給你短暫而脆弱的關係，也吸引不到真正高價值的女生。所以為了你的幸福，我並不打算分享，哈哈哈！

Steven 提到「原生家庭、成長背景、過往感情背景」確實是深深地影響著我們的信念、價值觀、和潛意識運作的模式。尤其是亞洲人，多半活在壓抑的環境裡，其中又以中國、台灣的教育方式，更是習慣用負面、保守的言語代替正面、積極的話語。

以至於我們從小到大不知不覺，積累了許多負面能量在潛意識裡頭，就好像發臭的蘋果般影響著我們的思想、行為模式，衍生出自尊、自傲、自卑、憤怒……等等感受、性格。

蕭敬騰有一首歌叫做「會痛的石頭」，
副歌如下：
我們是兩顆會痛的石頭　猛烈衝撞後裂了縫
永遠都不會懂什麼叫認錯　還想愛卻調頭放手

幸福
別放手

> 心疼你是顆會痛的石頭　想要抱住你卻混亂沈默
>
> 倔強的表情里閃過了失落　你的淚　讓我痛

　　有時候你會不會好像那顆會痛的石頭？面對愛人、面對家人、面對朋友，都有可能因為不知道如何正確表達心中真正的感受，於是溝通不良，於是爭吵不休，於是感覺做人好難，好像要找到懂自己的人就如同天方夜譚……

　　在一起容易，相處難！那到底該怎麼做才能收穫幸福呢？

　　不變的真理就是，「愛誰都可以，要先愛自己。」愛自己指的不是任意妄為，不顧對方感受。而是真正不停地往內探索，認識自己，陪伴自己，我們每個人都有一個內在小孩。每天留一點時間傾聽自己的心，有什麼感受？翻翻心靈的土壤，種下一些美好的種子，給自己一些正面、積極的話語，帶著愛去滋潤我們心靈的土壤。這很重要，因為你的人生中，陪伴自己時間最長的就是你自己，所以當然要學會好好跟自己相處。在這個資訊爆炸的時代，生活很快，挑戰很多，壓力很大，而我們的心要慢。如果你連陪伴最重要的自己，都不願意付出時間，全給了你以外

的人事物，那麼，誰還會更重視你呢？

愛自己是一切的根本。

活出愛，圓滿自己，吸引的就是圓滿的關係。兩性關係的品質，直接決定你生命的品質。提升自己的修養，原諒自己、愛自己是一輩子的功課。自己不改變，你與家人、朋友、另一半的劇情換了一百、一千次，也會走到一樣的結果。

愛自己的方式還有很多種，你可曾想過什麼是令你真正感到快樂的事？允許自己時常保持在那樣的快樂裡！當你快樂，你就能感染身邊的人一起快樂；你愛自己，才有愛人的能力，因為我們無法給人我們所沒有的。

你對自己的生活是如何看待的？在健康、家庭、工作、朋友每一個面向都有顧好嗎？

▶愛自己是一切的根本。
（攝影：你好攝影工作室）

有沒有保持運動習慣來維持自己的健康？有沒有用更好的方式與家人溝通，分享生活，讓感情越來越融洽？有沒有學習更有效率地處理工作、提升能力？與朋友相處是否能夠更加真誠、做自己又尊重彼此，擁有更高品質的友誼？當你與各個面向的關係經營好，兩性關係也會好的，這是一種正向的循環。

　　以上是內在層面的學問，繼續分享「情侶感情加溫的十個小技巧」：

1. 降低期望值　增加感恩度

　　我們時常會把他人對我們的好視為理所當然，這樣常常會感到失望且不懂珍惜，是感情的頭號殺手！要記得：感恩的心離幸福最近。

2. 陪他做喜歡的事情

　　如果他說要去高空彈跳，你說怕命沒了，有一天他就找別人去了；他說去潛水，你說海裡很可怕，他只好找別人去了；他說去學習，你說忙說累；你們能量不在一個狀態、慢慢也沒了交集……

▲旅行是創造彼此回憶的點滴。(攝影：Nana)

　　靈魂伴侶的培養是透過彼此陪伴的過程，更加了解對方，讓倆人同頻，心才會更貼近。

3. 對待另一半像對待大客戶一樣　滿足他所有的需求

　　貼心帶給他安心，例如了解怎麼照顧女生每個月最辛苦的那幾天生理期。記得每個重要的日子，手寫卡片、手作或客製化禮物表達你滿滿的情感。愛屋及烏照顧他的家

人好友……等,都能讓對方感受到你的用心與獨特。

4. 不經意地給對方小驚喜

除了節日以外,可以毫無來由地給對方驚喜!像是突然為他學會做一道菜,說走就走的旅行!不一定都要很遙遠或奢華高級的那種,有時候在國內,或是同一個城市,只要用心安排行程都很好。這樣的浪漫會深深烙印在彼此美好的記憶裡。

5. 無條件支持對方

支持對方喜歡做的事情或夢想,成為他的力量和支柱,成為他快樂的泉源,他會深深感謝你並且愛你。

6. 時常讚美對方

看過一部知名的實驗短片:生命的答案,水知道。享譽世界的日本科學家江本勝博士,做了幾百萬次的水實驗,根據量子物理學,文字,意念,圖片和聲音能產生波動直接影響水分子。人體有70%是水份,「語言是有能量的」。當我們對水說:「謝謝你、我愛你」水的結晶就會非常美

麗；當我們對水說：「混帳」水的結晶會變的歪七扭八。所以我們永遠說肯定對方的話，任何人聽了都會很開心的，讓彼此一起變得更有自信、更美好。

7. 給彼此一點空間

小別勝新婚聽過嗎？短暫的分別，能夠讓彼此更明確感受到對方的重要性。互相擁有自己的空間，才能保有不黏膩，永遠維持新鮮感、有認識不完的優點。

8. 溝通了解彼此的感受

透過良好的溝通和理解，讓對方感受到你對他的重視，兩個人在一起最重要的基礎是彼此尊重，最核心的關鍵是互相信任。唯有如此，才能擁有建康平衡的關係。

9. 一起挑戰沒做過的事

一起坐雲霄飛車、一起學潛水、一起露營、一起跳傘……與你的另一半一起體驗人生。

製造彼此生命中共同經歷的特殊回憶，是不是特別甜蜜呢？

幸福　別放手

10. 找出共同目標　一起努力

　　家人相處久了容易磨擦，愛人相處久了容易倦怠。如果擁有共同努力的目標（工作、學習或興趣都可以），就不怕沒話題、沒勁，而是一起充滿動力，每天自信滿滿往前進！

　　願每個你都擁有全世界最幸福的愛！

▲攝影：Joe

她對我有感覺嗎？
猜心的日子真焦慮

當開始下定決心，勇敢成為主動的一方時，都會為對方若即若離的態度感到焦慮吧！究竟我在她心裡是幾分？

以下就先來聊聊假設如果女生對你有好感的話，她們在不同階段的行為會有什麼變化？

▲攝影：張乃文

幸福
別放手

一、初認識時期（一個月內）：

1. 有好感：

- ✓ 每天互傳訊息的頻率超過 6 次，或每隔幾天有維持半小時以上的對話（你一直問問題，她只好一直禮貌性的回答，則不在此列。）
- ✓ 會主動找話題或好奇你的習慣或喜好
- ✓ 會分享隨手拍的照片或自拍
- ✓ 願意赴約
- ✓ 不排斥近距離的肢體接觸（手臂碰手臂、共用餐具）

2. 沒有好感：

聊天時，沒有太大的情緒起伏、不附和你的話題、回訊頻率慢、回訊內容簡短（好、不好、嗯嗯）等，並且邀約時，常會說時間還不確定，就沒下文，不會積極為你想排開時間的方法。如果以上情況符合的話，就代表她對你沒有這麼深的好感。

二、理智沉澱期（通常維持不超過 2 周）：

　　不管是文字訊息、電話，甚至是約過幾次會之後，能明顯感受雙方互動不錯，都會在猜測對方的心意，通常這個期間，有些女生會刻意選擇稍微突然的冷淡，也是容易讓男生最混亂的時候，有很大的可能是因為她進入了謹慎的「思考期」。在你看不到的地方，她們很可能正忙著以下的事情：

　　(1) 閨蜜長談：跟最了解自己的閨蜜一起討論判斷，會讓女生比較有安全感，尤其她們會擔心自己是一時被粉紅泡泡沖昏頭，擔心貿然在一起會後悔，有經驗豐富的閨蜜在，能幫她們犀利且精闢的分析兩邊的互動與行為性格等，保護自己的好朋友。但你也不必太擔心，如果你真的是一盤好菜，閨蜜也是會很祝福的推坑。

　　(2) 資料收集：資料收集的目的，主要是確認你跟她之間的「同質性喜好」&「頻率」是否相同。

　　➤ 同生活圈：會從共同認識的朋友打探你日常的為人或是社交行為的表現來確認你的個性、特質有沒有她還沒發現的地方，盡量降低在一起之後的摩擦與風險。

幸福 別放手

> 不同生活圈：會去網路上搜尋你的資訊，不論是 FB、IG、Line 動態、Google 關鍵字……等。

三、正面回饋期：

很多人在還沒等到這個時期前，就爆掉了！在上一個時期時，因為女生的消失，讓男生很容易東想西想，覺得女生是否對於自己沒有意思，又或者是不是自己做錯了什麼事情？在這個複雜心情的同時，很容易做出會嚇到對方的事情。

(1) 突然決定要告白：在還沒有確認到女生的狀態及結束思考整理期前就告白，這是一個風險非常高的舉動，會讓女生感到受強迫。如果想讓她不要太快冷掉，找些藉口傳一些流行情歌，點到為止的撩她，繼續保持關心讓她安心，對你是比較好的做法。

(2) 沒來由的就跟女生道歉：過度在乎女生的行為，一覺得自己好像有做錯或是稍微越舉一點，就怕女生生氣，所以就立刻道歉、示弱，這種行為也會讓人感到壓力並且會對你產生不夠自信的聯想。

(3) 情緒化的表達自己：當女生不理自己，或者跟別的

異性出去時，就對她發脾氣，這種行為會被當作控制狂，你也許要檢視自己與別人互動時的認知，是什麼引起你過度的情緒反應。

▲突破自我是一切的關鍵。（攝影：墨月嵐）

幸福 別放手

　　但如果你挺過了「思考期」，你會感覺到女生跟你之間的互動開始有明顯的變化，以前可能是隔非常久才回你訊息，又或者總是讓你感覺她非常的忙碌，但在回饋時期開始會更頻繁主動的跟你分享她的生活及想法，幫助在一起後的價值觀更協調，通常到這個時期，就是俗話所說的「曖昧期」，而其實女生大多也不喜歡曖昧期拖太久，容易冷掉或覺得你是否不夠心動。通常設定一個月的時間最為理想。

S 語錄 ▶

　　追求階段雖痛苦，但卻是每一段感情茁壯的養份！

Nana 悄悄話

　　這個時代，拍照技巧變得特別重要。自媒體的發達，讓人對手機和電腦有著無限的依賴。

　　人們漸漸將事物評判的依據放在網路上，社群朋友圈成為別人初步認識你的線索來源，怎麼能馬虎呢？所以學會怎麼為自己拍出好看的照片和影片是很重要的，必須先引發興趣，贏在起跑點的概念！才有機會繼續與他共譜幸福樂章。

　　再來，女生很重視男生的音色，說的一點也沒錯！你看很多受歡迎的電台 DJ 或是當紅的男主播，很多都是聲音很好聽。怎樣會被認為好聽呢？一般來說，低沉而有磁性的嗓音是無敵的！幾乎沒有女生不喜歡這樣性感、沉穩、充滿魅力的聲音。如果加上口條也很好，完勝！好聽的聲音加上條理分明的說話方式，會讓人在跟你聊天時，感到很舒服，很安心，好感度不斷攀升，甚至容易對你上癮！所以，天生有好嗓音的人，恭喜你，已經先贏了一半！不過，如果你沒有與生俱來的好聲音，也請別自暴自棄啊！

幸福 別放手

告訴你們一個好消息——好聲音是可以透過努力練習而擁有的。上網搜尋：如何練就好聲音、美的聲音養成計劃、好聲音速成課、聲音教練……等，有很多視頻教學，有聲書教學或是實體課程，可以幫助你提升聲音質感，為你的形象加上完美的一筆。

說到嗅覺，很多人都忽略這一部分，但這部分我覺得太太太重要了！身上的味道不就代表了你這個人嗎？很多時候，我們會不自覺地用味道來懷念一個人，那是一種強烈的記憶點。比如：爸爸身上的菸草味、媽媽的家常菜香味、爺爺泡的茶、隔壁班那個女孩，頭髮上淡淡的香味……等。

記得辛曉琪有一首歌是這樣唱的：

想念你的笑　想念你的外套

想念你白色襪子　和你身上的味道

我想念你的吻　和手指淡淡煙草味道

記憶中曾被愛的味道

　　味道所營造的氛圍和情感連結是最強烈的。有時候，你還沒見到他，但你認得那個味道，你就知道他來過。當我們深愛一個人，也會很容易迷戀他的氣息，他睡過的床、穿過的外套，都會讓我們感覺甜蜜又溫暖，不想抹去那個氣味，好像你深愛的人，就在身邊陪伴著你一樣。

　　所以，找到一個身上有你喜歡味道的人，無論對男人還是女人都是很重要的。因為，那個味道將充滿你的生活、刻進你的歲月裡。

　　肢體碰觸拿捏得好，就能給彼此一種甜在心的感覺，但是千萬不能操之過急，也不要變成毛手毛腳惹人厭！那怎樣是令人不舒服的碰觸呢？一開始不要輕易摟腰那些的，可以偶爾肩並著肩聊天散步，或是突然輕撫她的頭頂，進一步可以有保護、呵護的動作，就是用你的手臂輕輕地護著她那樣。如果感覺她沒有排斥感和戒備心，甚至有時女生可能會主動的觸碰你，這也是一種暗示她對你有好感噢！

　　當她進入沉澱期的時候，無需慌張，無需費力，做好本來就該做的事，好好工作，去理理頭髮、多健身、學會

幸福 別放手

做兩道菜。不要聚焦在猜測她的心意，因為猜測只是浪費時間，不如用這時間來增加自己的魅力與價值，同時記得不要侵略性地打擾她，而是默默地、靜靜地關心她，保持穩定，讓她知道你是認真、體貼的男人，給她時間慢下來看看你，跟閨蜜聊聊你，理一理自己的思緒，回頭你還在這裡，而且更有魅力了，能不傾心嗎？

給彼此一些耐心，曖昧期長短不是最重要的，每個人的情況不同，價值觀和接受度都不一樣。所以不要設限，而是要看跟你相處的那個她，你們之間進展的程度，她的好感指標有沒有越來越多？你們頻率是不是契合？多了解、多傾聽對方，用尊重的態度去經營這段關係，必能收穫幸福的果實。

聽過 Steven 曾經以保單規劃為理由約女生出來，結果親手將一段感情毀滅的故事……我必須要說，我真的超討厭這樣不清不楚，假藉公事來追求的男生，因為我會感到我的專業完全不被尊重！所以，我要慎重地叮嚀大家，真實和誠懇是很重要的，千萬不要把心機放在這種地方，會有反效果的噢！

　　我相信真實而長久的愛情，是相互尊重，是讚美，也是鼓勵。願每個你，心想事成收穫最美的愛情！

▲心想事成是真的。（攝影：墨月嵐）

關於聊天話題

「聊天」的學問及提問率，應該有如日常吃飯般的頻繁了！

很多人碰到異性時，所有的學問及幽默都消失殆盡；很想問：「為什麼聊天這麼困難呢？沒有簡單好記的方法了嗎？」

聊天的關鍵就是與對方產生「關聯」，也就是與對方互動時，把自己放進跟她的世界裡。

▲產生連結是一切聊天的開始。（攝影：吳鴻駿）

就像：

1. 以後我決定天天叫妳起床去慢跑。

2. 法國巴黎很適合像我們這樣浪漫的人。

3. 以後我們應該約一天去公園遛狗，讓我們的小白、
   小黃浪漫邂逅一下。

4. 聽說我們的星座很合，讓我們繼續看下去……

那為什麼要產生關聯呢？我們所有人都不是在同一個
生活圈成長，也不可能會有許多碰面能展現自己的機會，
所以在聊天上就要創造兩個東西：

(1) 麵包屑：

如同前面說的社交形象展示面，把社群平台上的形象，
盡可能建立清楚、完整、
要傳達出個人特質及自
信，讓女生可以透過動
態文滿足想了解你，同
時建立足夠的信任感。

(2) 有好感連結的關聯：

一般人都會覺得認

▶照片提供：解政鎮

幸福　別放手

識一個女生，就是和她聊共同的話題，但完全只用聊共同
話題這件事，充其量只是一般好友會做的事。若在聊天裡
把對方放進來未來規劃，或者直接表達情緒、喜歡的感受，
那對方就會清楚知道你不只是把我當朋友。但好感的表達
是要循序漸進的，舉例如下：

(a) 不知為何，總是想到妳？

(b) 妳有種很特別的特質，很吸引我！

(c) 很喜歡跟妳聊天的感覺，或許最近可以一起喝杯咖啡

(d) 早點睡囉，別太想我！

聊天範例

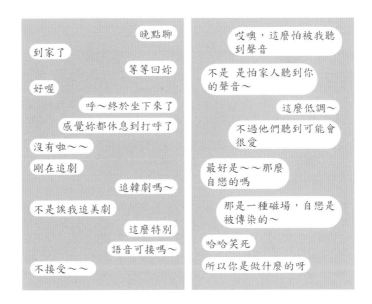

妳猜猜，通常女生的直
覺都不錯～

貿易嗎

哈～是顧問

哪方面的顧問呀

形象自信提升的～

公司形象嗎

還是個人哈哈

個人～

真假

感覺有專業

哈～很重感覺的工作

妳在新竹還是台北～

我住中壢阿

那下週可以喝杯咖啡

哈哈我還是想等熟一點

ok，不急

所以你是什麼星座的呢

金牛呀～～

星期一超不想上班 昨天
一回到家整理完就睡死

金牛啊，務實的星座～

昨天是搬家囉？還是
把衣服山整理這樣～

沒有啦

前一天跟姐妹去台北
待在她們的日租套房

沒什麼睡

昨天又逛了一天

晚餐吃完回到家整理
完就睡死

哈哈～原來是這樣

那週一症候群應該
超嚴重

公司有暖氣呀

我先整理下班 到家
跟你說

到囉 我先去廚房幫一
下我媽

你呢吃了嗎

剛吃完～飽飽der

會煮飯的女孩很加分

我不會煮啦 但都會去看
能不能幫什麼忙

看來以後我只能期待
泡麵＋蛋了

哈哈幹嘛這樣

還有水餃呀

ㄟ～那行喔～

以後有兩天在家吃的機
會:Day1泡麵 Day2水餃

哈你是不是在嫌棄我

關於聊天話題

幸福 別放手

這叫～簡單的幸福

是已加戲的意思

這是八點檔的第一集

哈哈

那你在幹嘛

剛練完核心休息一下

哈～

不錯誒

我也都會做棒式

不錯喔，棒式ㄟ

有概念的女孩

哈

我只會做那個

女生有棒式就滿夠用了

哈哈對呀

你都幾點上班呀

大概十點

那不早點睡喔

再忙，也要跟妳聊個天

哈哈～傻瓜喔

不過妳不是更早上班

對阿六點半七點要醒

八點進公司～～

（苦笑

這麼早～

算有趣的工作嗎

對呀

誒

不有趣

行政囉？

對呀

你怎麼知道

直覺～

哈哈

我是工廠行政阿

你好強

工廠都是超早路線

好處是五點就下班了

但就是早起

早起有點痛苦

應該一到公司都會放空

明天聊囉，早點睡

晚安，別太想我

好

我也睏了

明天聊:)

晚安

起床差點填離職單

哈～因為爬不起來嗎～

真的

而且天氣舒服

如果我在旁邊，
應該更起不來

我要衝回家了～～
好想躺在我家沙發上

▲表達真實感受決定你的交往機率。（攝影：張乃文）

幸福 別放手

從範例可以看出些重點，很多人都會很害怕跟異性直接表達自己的「真實感受」。怕說了，遭到拒絕；寧可退而求其次，間接表達自己的好感。

其實任何一個女生在接受到異性積極互動時，就會知道你對她是有意思的。

但一個女生真正希望的是男生可以直白的表達，同時以文字或聊天表達，對於自己未來的目標及工作態度。

從以下幾點來探討前述的聊天，用了那些關鍵做法！

1. 不急於聊天的開頭：

一認識對方後，別急著要跟對方表示熱絡；可以拿到聯絡方式後，打完招呼，先去忙自己的事情，這才不會讓對方覺得你是一個需求感強烈的人。

2. 對等的聊天字數：

用文字聊天的盡可能表達精準，內容不要一次表達多個目的；最好的方式就是一比一的字量或內容，她打了多少內容及行數，你也用差不多內容及行數來回覆即可。

3. 別急著給答案：

聊天的重點就是把簡單的東西，多元化的表達。平常在工作上，是用肯定的「是」跟「否」來回答；但在異性的吸引階段時，不能這樣直白，如此的做法會讓對方覺得「無聊」。

4. 接好感的球：

如果對方的回覆有包含好感指標或是有情感的內容，那當然也要表達同樣的好感，情感是互相鼓勵的，當人被嘉許了，未來就會希望自己表現更好，來贏得更多的嘉許。

5. 主動表達好感：

用直白的內容表現，女生會喜歡這個態度，同樣也是一種「誠意」的表現。很多人會誤會女生要的「誠意」，就是天天關心她、買東西給她、誇獎她。但其實女生要的只是一個自信的呈現，喜歡就用你自信的態度及行為表現出來，不要迂迴只停留在朋友範圍裡。

6. 幽默開玩笑：

可以透過開玩笑的方式，把她放進你的生活藍圖裡，或是假設出一個未來畫面。

7. 要求回報：

如果對方主動分享生活，又願意接你的好感球及表達關心，那在互動上可以呈現一種假性情侶的感覺。試圖要求對方做些報備的小動作，例如：路上小心，到了跟我說；如果幾次都有做到，代表她跟你之間的互動是在乎的。

8. 用猜測方式提問：

猜測提問法，會讓女生覺得是被注意的，這也是一種「誠意」的判斷，如果有些關於她的背景或工作內容，有出現在對方的社群分享文裡，但沒發現且直接的提問，對方會覺得你的誠意不足，沒有想認真。

只要把以上 8 點完整做到，便可以在約會前以聊天做到最好的連結，為約會時的互動打好基礎。

┌─ S 語錄 ▶ ─────────────────────

　　形象決定吸引度、聊天決定交往率！

└─────────────────────────────────

◀不論跟誰聊天，
形象都是基本態
度。(攝影：墨
月嵐)

Nana 悄悄話

　　「形象決定吸引度、聊天決定交往率！」這句話可謂是真理了。

　　形象是引起好感的第一步，能不能持續拉近距離，就要看聊不聊的來了。

感情是從每一天的生活中建立起來的，外型、才華都不是靈魂契合的關鍵，兩個人能走在一起，關鍵還是聊不聊的來，最幸福的情侶就是成為彼此最好的朋友。所以「聊天」特別特別重要！

聊天聊不下去，有三大原因：

1. 分不清女生只是禮貌性的互動。

2. 搞不清楚女生想跟哪種男人聊天。

3. 沒抓住重點，女生要的是你的自信及價值感的呈現，讓她有合理的理由、充足的動力跟你見面約會，進一步相處、了解彼此。

A.

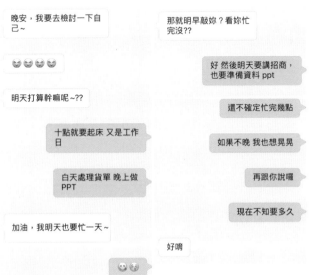

　　我知道你想問什麼！哈哈！什麼是禮貌性互動？什麼是好感指標？我是她想聊天的那種男生嗎？究竟該不該提出約會的邀約了呢？讓我來拯救你吧！

　　A. 這個對話裡，女方的心態屬於如果不忙的話會願意出來見面，女方其實也有誠意想經由相處來多認識彼此，但還不算有特別多好感，就是朋友的感覺。如何分辨呢？其實這篇對話當中，女方回答男方還算仔細，只是因為剛好工作比較忙碌，而女方也表達了如果忙完不會太晚，也有想出來的意願。忙碌工作中仍有記得主動告知男方還沒忙完，表示有把這件事放在心上，且有尊重對方的意思。不過這還處於好感度不高的階段，只是以感覺還行的朋友心態在對話，因為聊天中很少出現語助詞和表情符號。所以平常繼續多聊聊，用心耕耘，還是有從朋友發展成親密關係的可能性。

　　B. 這段對話就是一般朋友，沒什麼特別感覺的對話。一般來說，如果女方對男方很有好感，想讓對方多了解自己，或是有一定程度的信賴感，聊天時就會有比較私人的話題，也會回應得比較熱絡。例如會跟對方分享出國旅行

的照片，跟朋友聚餐的照片，遇見好吃的餐廳會推薦給對方或是說下次可以一起去吃，甚至是與對方分享生活瑣事、朋友的八卦⋯⋯等。

C. 這段對話是屬於女方展現純友誼的義氣，因為女方是義不容辭地照顧朋友的感覺，非常乾脆地答應可以去機場接朋友，但是如果是對心儀的對象是絕對不可能如此冷靜的！一定會在這對話出現很多貼圖，不會直接回答短短幾個字而已。

B.

C.

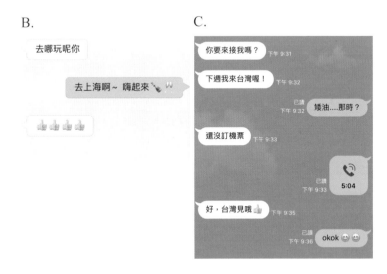

D. 這段對話是不是很明顯不一樣氛圍？有沒有感覺柔和許多？使用了很多可愛的語助詞，跟俏皮的表情符號，

D.

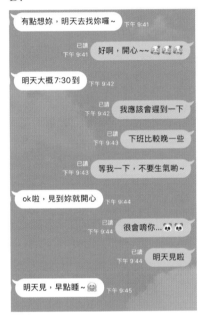

顯不同的。

　　好看的皮囊千篇一律，有趣的靈魂萬裡挑一。讓女生跟你聊天覺得「有趣」是最重要的！

　　平時在動態上，就要分享足夠讓對方有線索去了

這樣你們懂了吧？

　　E. 這是屬於有點微微曖昧關係的氛圍，才會讓兩個人像小男生、小女生一般的嘻笑怒罵，是極度放鬆、開心的狀態，而且哈哈哈哈哈哈哈哈哈總共九個哈，這麼長的哈也算是一種好感指標，否則一般可能就是哈或哈哈就沒了……那種愉悅程度是明

E.

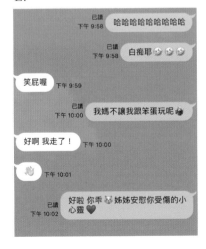

幸福 別放手

解你價值的照片，像是一些高生活品質的照片如：運動、品酒、看書、參加研討會、聚餐……等，以及能夠正確表達你正面價值觀的文章，「自然地」展現你的獨特與魅力。（絕對不要太過刻意裝逼啊啊啊，會有反效果的。）

接下來在聊天中引起情緒波動，包括輕鬆愉快、興奮緊張、好玩有趣，挑起對方的情緒就是讓她喜歡你的元素。情緒的表達包含了多使用表情符號，因為文字是看不見表情，也聽不見語氣的，所以加上表情符號，才能更完整表達你的意思和情緒，也能很好地添加趣味，賣萌啦、耍耍淘氣啦、裝酷啦……這樣可以輕易地讓聊天過程輕鬆愉快又有幽默感。

聊天切忌自顧自的長篇大論，而是要多多互動，創造有延續性的話題，例如可以把一些有趣的話題用「提問」的方式讓對方去猜一猜隨後會發生什麼？注意，千萬不要問：在嗎？你多大？吃飯了嗎？你在幹嘛？這類超級無聊的問題，會迅速引起反感與厭煩的，因為每天都會有人這樣問，你這樣聊天跟其他人有什麼不一樣呢？而且這種連環的提問像審犯人似的，女生為什麼要跟你聊天呢？

　　給你們參考有趣的提問方式：

　　男：「欸，妳剛說的讓我突然間想到，一個很有意思的故事要不要聽啊？」

　　這樣可以讓女生去猜一猜，隨後會發生什麼情況……引起他的興趣和思考以及參與感，話題就容易無限延續了。

　　又或者可以跟他玩玩小遊戲，你可以跟她玩有獎徵答。比如答對五題我請你吃大餐之類的，激發他的好勝心、求知慾。

　　要記住聊天是你主控的，不然就很容易話題終結，然後收到「我要去吃飯了、我要去洗澡了……」很多人跟你聊天是基於社交禮儀給你面子，要想繼續順利地聊下去，就要創造跟你聊天的價值與快樂。當女生自己會找話題聊下去的時候，就是對你有好感。

　　政治之類的話題，適合跟你兄弟聊，對女生就要多去了解女生有興趣的話題，比如：皮膚要怎麼保養啦、星座、最近熱門的話題、最近最火的節目或大家在追的劇、寵物的話題也是非常容易延續的話題。如果他有養寵物而你也有或是你正好想養，就可以請教對方彼此交流很多關於照

關於聊天話題

幸福 別放手

顧寵物的心得，這個話題永遠都聊不完，甚至很容易就可以約見面。像是去寵物餐廳或者帶寵物去公園散步，都是氣氛很歡樂又放鬆的活動，可以自然地為感情升溫唷！

　　最後送給大家一個在聊天中，絕對可以吸引對方好感的妙錦囊，那就是在聊天中加入好感詞彙：「喜歡」！例如：「我超喜歡看你笑的」、「我蠻喜歡聽你講話的，有點療癒」、「很好吃噢，喜歡 ☺」、「我也很喜歡那個歌手 👍👍👍」

◀沒有人天生會聊天，但必須學會正確的吸引。（攝影：你好攝影工作室）

　　當你在聊天當中常常使用「喜歡」這個詞彙，但不要太誇張隨便濫用，對方很容易就在不知不覺中，對你產生好感與依賴，變得喜歡跟你聊天。這是因為「喜歡」這個詞彙會讓對方感到「被肯定」與「被重視」，因此，潛意識會對你產生正面的連結以及信賴感。

　　大原則的前提，還是要多多豐富自己的生活體驗，不然說話技巧提升也只是空泛的，內涵是來自於對生活的體驗和累積。當你的生命豐富了，靈魂肯定有趣的！我們能幫助你的就是聰明地避開地雷區，用正確的方式去跟人聊天，加速別人對你真正的了解，不錯失緣分。

歡迎掃碼來抖音跟我聊聊天噢～

▲歡迎掃碼

幸福 別放手

什麼樣的女生特質
是你適合的？

▲攝影：你好攝影工作室

初步接觸女生，第一眼的印象可以帶來一些判準的線索，就這些線索，可以幫助進行互動的選擇參考。可以外顯的打扮，粗略的推估性格取向，進行分類，幫助思考這些打扮下的「性格潛台詞」，是不是符合心中理想特質的條件？並且用對的行為頻率與她們互動，降低在初上戰場就被打槍的機率。以下大略區分為五個類型：

1. 保守型：

   (1) 特徵：

通常這個類型的女生，穿著會比較素一些，不管是上衣或是褲子，大都選擇沒什麼花色的服裝，有以下幾個特點：

> 衣物遮蔽面積較多

> 多著褲裝

> 選擇深色系的衣服為主

> 較喜歡穿著平底鞋

   (2) 可能的職業背景：

> 行政職

> 銀行業

> 會計

   (3) 面對感情的態度：

> 個性稍內斂謹慎，感情經驗少但每一段都很長久，同時很專情的對待另外一半。

幸福 別放手

2. 時尚型：

(1) 特徵：

時尚型的女性在搭配上，很勇於表達個人色彩，不論是用色、花紋、帽子、配件……等，有以下幾個特點：

> 上衣跟褲子很有設計感，可能有不對稱的元素
> 對於白褲、條紋、動物紋的配色滿敢嘗試

(2) 可能的職業背景：

> 設計師（室內設計師、服裝設計師、髮型設計師、型象設計師）
> 自由業者（Show Girl、品牌總監、網拍業者、直播主）

(3) 面對感情的態度：

> 感情經驗多但標準高，因可能在國外待過或見多識廣，所以對於異性的來往較有經驗，性格鮮明，活潑健談。

3. 性感型：

(1) 特徵：

對自己的特質與魅力相對有自信，善於利用自身優勢。

(2) 可能的職業背景：

> 專櫃人員
> 空服員
> 業務
> 舞者
> 自由業者：Show Girl 美甲 / 美容師

▲健康的小性感，散發亮眼的獨特魅力。
（攝影：Ferriss）

(3) 面對感情的態度：

> 性感型的女生不代表隨便，只是更懂得如何吸引到目光，也偏向自信，活潑健談，更有主見。

幸福 別放手

4. 學院型：

(1) 特徵：

　　一般學院型的穿著，會有比較多古典或女性蕾絲設計的衣服，且會把身材特徵包的比較緊，但下半身可以是露腿及裙裝的搭配，但長度上不會露出太多的肌膚。

(2) 可能的職業背景：

➢ 行政職

➢ 門市業務

➢ 客服

➢ 專櫃人員

(3) 面對感情的態度：

➢ 一般會比較嚮往浪漫跟偶像劇裡的情節，所以感情經驗會比較少些，也有可能沒有正式的交往過，對於感情中的相處比較有潔癖。也會設定男生一定要達成某些她心目中的門檻才能交往。

5. 中性型：

(1) 特徵：

一般在外型上，中性型的女生可能頭髮長度較短，喜歡牛仔褲配 T 恤的打扮。

(2) 可能的職業背景：
- ➢ 行政職
- ➢ 社會型團體
- ➢ 幼教人員
- ➢ 工程師

(3) 面對感情的態度：
- ➢ 隨遇而安，不強求，較專注在自己的興趣喜好上，可能有約會過，但不一定有完整的交往經驗。

上面定義的只是概略的分佈，只做為第一次見面時的參考，並不是絕對，需要多花一點時間留心。也許她可能是風格多變、隨心情變化，實務上還是以她的談吐模式判斷個性與特質。如果沒有把握，建議你先放輕鬆並且先尊重和傾聽，保持禮貌交個朋友。

幸福 別放手

如果對方的穿著與特質，你認為有符合上面的分析，並且希望得到對方的好感，就可以參考以下不同型女生的互動方式：

1. 保守型：

➤ 在互動上避免用太輕浮的態度，不能過度挪揄對方，在你確定你對她是有好感的前提下，可以「真誠」的表達自己的好感，細心體察她的優點並適時讚美她（例如：我覺得妳很貼心、細心、有愛心，很吸引我。）

2. 時尚型：

➤ 時尚型更為重視質感、品味，所以我們的「社交潛台詞」涵蓋社群平台以及你的選物品味，衣服的質料、剪裁、皮件的使用搭配、香水、髮型、鞋襪搭配等，都是她們擅長觀察的切入點，另外在話題談吐上，會更重視知性、時尚、生活品味的話題。

3. 性感型：

> 通常性感型的女生在穿著外型上，本來就很能夠吸引到異性對於她的關注，故你要做的是「忽略」她的性感，把她當成一般的女生在互動，另外因為她互動的異性本來就比較多，所以你必須要能表達出幽默大方的個性，如果你陽光、擅長運動並有自己專精自信的特殊領域，相信對你會有一定的好感。

4. 學院型：

> 這個類型的女生其實跟保守型有點類似，記得多年前 Steven 也有遇過一個學院型的女生，她的穿著總是走古典跟公主般的路線，但在了解彼此後，卻發現她的心靈層次跟她的穿著截然不同。她沒有宗教信仰，但是突然因自己的體悟，決定吃素，而面對感情的態度上，她總是會有一個公主王子般的畫面，期待一切的相處都是完美的。所以學院型的女生滿重視心靈層次的交流，所以在聊天的話題上，要盡可能的知性去聊到對於事情的「感受」。

幸
福
別
放
手

5. 中性型：

> 通常這個類型我想是一般男生，會覺得最輕鬆的一種，
> 因為她們的個性非常像男生，不論是表達跟思考上，
> 所以只要像跟同性之間的相處去互動，就不會有太大
> 的問題。

◀攝影：Jeffany

不論遇到的是以上哪種類型的女生，了解自己的自信來源以及認真生活的態度，才是最重要的事，並且細心傾聽她、看得懂她的語言，拿出你的真心誠意「先把朋友做好，下一步就不遠。」不要帶著患得患失的心情，拿掉得失心，相處就會更自在。

─ S 語錄 ▶ ─────────────────────

去吸引本來就期待你的對象，比嘗試吸引不期待你的，更有價值與成就！

Nana 悄悄話

世界上沒有兩片完全相同的葉子，也沒有兩個一樣的我。

一棵樹上很難找到兩片葉子形狀完全一樣，一千個人之中，也很難找到兩個人，在思想情感上完全協調。上帝創造每個人都是獨一無二珍貴的存在，不同的性格豐富了這個人類世界。

幸福 別放手

　　而如何與不同特性的人相處，是一門相當有趣的藝術和修養。雖然人的類型千百種，但可以透過多觀察，並從統計學和心理學的學習當中，幫助我們更容易理解和你相處的對象，增進溝通互動的品質。

　　我有個好友，是屬於保守型，剛好就是在銀行業上班，而且每段感情都是交往了好幾年，最終嫁給了國小同學，生了三個非常可愛的孩子。作為一個全職媽媽，她把孩子們照顧得非常好，與老公的感情多年來依舊像熱戀一樣甜蜜，一家人過著令人稱羨的美滿生活。

　　像 Nana 本身就是偏向時尚型的穿搭風格，而以往從事過模特兒、網拍業者、行銷總監……等工作，因為工作的場合多元，接觸的人脈也比較廣泛，喜歡嘗試新鮮有趣的活動，挑戰新事物，我就特別喜歡跟懂得享受生活，注重生活品質，對生活擁有熱情的朋友相處。感覺可以激盪出更多火花，也可以在對方身上有學不完的新事物，所以有才華，尤其是藝術領域的男生總是感覺特別聊得來！

　　Nana 身邊有不少性感型的女性朋友，跟各位聊聊我的觀察：

▲你是上帝獨一無二的創造。（攝影：墨月嵐）

幸福 別放手

A 小姐是服飾業專櫃小姐，有著女神級的臉蛋和美腿，喜愛性感微甜的打扮，也非常懂的如何撩男，俏皮多變的性格就像貓一樣，搔得男人們不要不要的，追求者多的跟山一樣！但是男生們，別擔心，雖然女神選擇確實很多，但是女人要的很簡單，就是「安心」。那是一種陪伴與理解，都說陪伴是最長情的告白，如果你能打理好自己的狀態，不是一定要多完美的外表，而是去培養好的氣質，展現一個男人的責任感與擔當，給女人一個可以完全放鬆的溫暖臂彎，即使是女神也會為你傾心的！

B 小姐是空服員，穿衣風格是率性的性感風，可能是環境的關係，時常接觸商務人士，也經常飛不同國家，見多識廣，挑選男友眼光頗高。我看過幾個空姐身邊對象，不少模特兒或是小開，這一類型的女生多半欣賞有生活情調，品味非凡，見過世面的男人。所以你要盡量展現你的高價值與獨特品味，帶她去些有趣新鮮的地方約會吧！

無論是甜美性感的女神，還是率性的性感女王，記住，培養你的幽默感，都是大大加分並且容易讓你在眾多男人之中脫穎而出。（只是千萬別「油掉」嘿！）沒

有人不喜歡幽默的人，不管是在愛情、友情、親情、職場，幽默感絕對是人際間的潤滑劑，它會使人喜歡上跟你相處的感覺。

還有一群性感的小姐姐，就是模特兒或 Show Girl，這邊觀察到的其實蠻兩極。分為拜金掛的；但也有賢良淑德私底下喜歡平淡生活的。這些比較難去歸納，更多時候還是看遇到的對象，彼此相處的感覺是怎麼樣，再參考這本書其他章節所教導的如何分辨好感指標、如何聊天、兩性相處的教戰守則、如何提升自信與形象……等來提升相處的品質。

再來聊聊學院型女生，給人的印象屬於較為保守、傳統、內向，但渴望浪漫情節發生在自己的生命當中。我印象中，有些學院型女生蠻知性的，她們喜歡討論一些思想層面的話題，所以逛誠品、喝咖啡、看電影、音樂會、舞台劇或是演講，都是不錯的選擇。學院型女生相較起來會更喜歡被照顧、被寵溺的感覺，因為她心目中的愛情，就是等待屬於她的那個王子成為她生命中的英雄，迎來此生的幸福！

幸福 別放手

　　中性型女生，個性通常比較直爽，有很多男性好友，可以輕易地與男生打成一片。我認識很多在做社會企業的女生就是這般形象，他們不會花非常多時間精雕細琢自己的服裝與妝容，他們喜歡舒服自在的感受。他們更加在意是靈魂的交集，也很重視忠於自己內心這個原則，其實跟這類型女生相處是很舒服的，因為他們通常很率真、很隨興，大剌剌的卻充滿熱情與能量，所以與他們相處的關鍵是：一個字，「真」！就這麼簡單。

　　記得，無論是哪種個性和價值觀，讓我們學會「尊重」、「理解」、「愛自己」，不要一昧地迎合他人。學習接受他人和我們自己的「不一樣」，並且保護好自己和他人的「不一樣」，就能活出獨特的生命，這才是最可貴的。

▶你就是自己的貴人。
（照片提供：解政錤）

▲當你放下自我的包袱，才會開始遇見幸福。（攝影：墨月嵐）

▲攝影：張筱羚

參

出新手村之後
未完待續的挑戰

幸福 別放手

善待辛苦建立的關係——
道德與誘惑

　　這章要分享的是當提升自己後，會發現自己能夠遇到的機會與優質的女生會變多。

　　就以 Steven 為例，在 22 歲時覺得只要有一個女生能夠出現在生命裡，就心滿意足了！

▲當你提升了自己，世界也將對你友善。（攝影：張筱羚）

　　這個願望在 23 歲時順利的達成了，終於交到人生中第一個雙子座的女友。但是就在我交往後的一年半左右的時間，我劈腿了！因為覺得自己提升了變得有自信，可以有更多機會選更好的，但自己的女友卻還是一個不懂打扮的女生跟不懂激情！而那時同時有兩個女生對我示好讓我選擇了當時我覺得最有魅力，也較成熟的一位女生在一起，雖然她也順利的成為女友，但有 2 個月左右的時間，是重疊劈腿的狀態。

　　這其實對於女生非常的不公平，所以我想先從我的故事回來聊聊「感情中的道德與誘惑」。

人生成長與感情之間的關係

　　感情萌芽的階段：

期待　知足　習慣　平淡　找尋可能

　　當時的心境就如同上方的流程圖，最早因為還沒有談過感情，所以對於感情有點騎驢找馬的概念，就先跟一個有一點感覺的女生在一起就好。因為經驗不多，根本還沒

幸福 別放手

想到分手跟交往可能會產生的問題，就一股腦的往前衝，也沒評估彼此的個性適合程度與自己真正喜歡的類型，就是為了交而交。當享受在一個熱戀期的時段，隨著時間漸漸的會轉為習慣，接著再隨著時間，兩人之間的關係會快速進入「平淡」期，就是你也不太想為她付出了，對她的耐心與愛也快速下降……這時你的內心會開始浮現「找尋新的可能性」的想法，通常小三、劈腿、小王……等都是在這個時期誕生，但會維持腳踏兩條船狀態通常原因是：

1. 現在女友也不是太不滿意，只是想再看更好的。

2. 在一起一陣時間了，不捨得離開對方。

3. 不確定小三是不是正確的選擇，如果先跟原女友分了，到時如果兩邊都沒有了，反而損失更大。

4. 單純只想要肉體關係。

理論上會造成道德出軌，不外乎就是上敘的原因之一，這些年來我曾劈腿過別的女生，同時也被女生劈腿過。所以非常能夠體會那種內心的掙扎，及另一半被傷害後的感覺，所以接下來我要說明「如何找到內心的平衡點」，不再傷害自己及對方的感受。

▲明確我要的是什麼。（攝影：墨月嵐）

「感情中沒有絕對的對錯」，如果沒有真誠面對自己內心想選擇對象的標準，就會發現在追求感情的這條路上，一直不停換女友或男友。或許過程是新鮮的，但我敢肯定你的內心其實是不踏實且空虛的；如同前面章節提到的全面性提升的觀念，在你一邊提升自己的同時，也要內化自己的需求。不要只為追求在一起的結果，卻忽略了幸福快樂的人生才是該追求的正道。

該用積極的態度去操練自己、互動、談吐、形象、認識新的女性，但是用謹慎的標準去思考，他（她）是否會激發你「心甘情願，讓對方因你而幸福」的心，再用這樣的標準去找到適合你的對象，才能在一起長久，且雙方得到對等「愛」的品質。

┌─ S 語錄 ▶ ─────────────────

幸福是從懂得面對自己的內心開始！

└─────────────────────────────

分手調適

過去輔導的經驗中，很多人是為了分手後想挽回。

　　有個故事是這樣的：這位學員儀表優良諮詢之際，正處於與交往近兩年的女友分手，而渴望復合，於是我們接手諮商個案，發現案情並不單純。在過去一年多的時間裡，他們瀕臨分手的情況已四次，男生掌控欲強，他不希望女生跟任何異性接觸，時常的看女生的手機內容。

　　其中有次是女生在 FB 與別的男性朋友互動，男生一氣之下，要女生在 FB PO 道歉啟示。而且只要吵架，男生就使用難聽的字眼施行言語暴力，雖然在激動過後會頻頻道歉，說不會再犯了，但依然沒有改善。到最後女生受不了，就提出了分手……

　　有一句話說：「女人的心就像潑出去的水，覆水難收！」只要當她下定決心分手或是愛上其它人了，那就代表她對於這段關係已經心灰意冷，當然挽回不是不可能，但核心問題要先正視。她們大都會樂意為對方付出，也更在意對方的感受，如果在這樣的基礎下還有分手的念頭，以下幾個原因提供大家參考：

1. 男生是個控制欲很強的人，管對方特別多，但是自己不希望被管，且在感情上未必這麼的專一，甚至

有肢體或言語暴力傾向。

2. 男生對於人生的目標太像小孩子了，不夠成熟：

(1) 總是天馬行空，覺得可以不用努力明天就變成有錢人，且沒什麼金錢觀念。

(2) 不知上進，每個月覺得錢夠用就好，沒有什麼未來的共同規劃及目標。

3. 不重視人際交流及打扮，放假總是宅在家，沒有什麼特別的興趣及長處。

4. 過於自私，不太重視對方的家人，也不太願意為了對方及對方的家人付出。

我們給他的建議就是：「你應該先把自己調整好」，大部份被分手的男生，尤其是第一種情況的，都很清楚的知道問題在那裡，只是心裡又覺得放不下，沒辦法接受她跟別人在一起。所以在情緒沒有抒發口的情況下，就只能先用情感綁架的方式去要求對方復合。剛分手時，雙方的情緒不穩；「先冷靜，給彼此空間」。建議大約二週至三週左右的時間。

一、分手冷靜期的攻略：

1. 增加社交，轉移重心：

(1) 參加商務的聚會、進修增長自己的專業知識。

(2) 去參加一個陌生的 Party 認識新朋友。

(3) 團體出遊。

P.S：如果你想要挽回的話，暫時不要單獨赴異性的約。

2. 積極的做照片記錄更新：

如果 Line、FB、IG 還沒被封鎖，讓煥然一新的你，在社群上增加存在感，多少能默默的為你加分。但心態上要調整為，所有的改變是出於自己想改變，千萬不要去敲她，一直問她：我改變成這樣好嗎？你覺得我棒嗎？

原則要把握住「不為誰而做」。

▶照片積極更新才能引發關注。
（攝影：墨月嵐）

3. 文字傳達：

搭配上方說的照片更新，但你的每一張照片，都需要搭配合適且簡潔有力的文字說明，這個文字一定要正向且表達有目標感的意境。

例如：

(1) 如果機會只有一種，一定選擇能改變我一生的知識。

(2) 夢想跟愛如果只能選一種，我會用愛帶著夢想前進。

二、冷靜期後你該怎麼做呢？

1. 關心近況：

如果你在這二至三週的時間，有認真的充實自己且忍住沒找她的話，應該她的態度會是願意回覆你的，但聊天的內容要注意以下事項：

(1) 聊這二至三週，彼此發生的有趣事。

(2) 千萬不能聊過去吵架，或是相處上不滿彼此的點。

2. 邀約：

　　如果在聊天的話題上，有忍住沒聊到任何過去不開心的事，而她也有注意到你這陣子的改變，她會好奇你到底跟以前有什麼不一樣，怎麼才分手就改變了這麼多？同時也因為過去的情感回憶還在，她會想看看或許還是那個值得的人。所以如果你邀約她的話，是會非常的有機會接受你的邀約。

┌ S語錄 ▶ ─────────────────
│
│　　分手不是世界末日，但你要看懂是怎麼變末日的！
│
└──────────────────────────

復合不是不行 但要有條件

　　如果你的前女友不是因為認識了其他人而造成分開，單純是因為兩個人之間相處問題所造成的話，那前面所說的「冷靜期攻略」都可以有一定效果。但是人生跟感情有一個共通點就是……「你不能得過且過」，就算你是使用冷靜期的攻略挽回了對方，但感情真正的困難點還是在兩

個人的相處上。

　　冷靜期的奏效是短期的距離感、新鮮感；過去累積的情感基礎造成的結果，但如果只是「換湯不換藥」核心問題沒做改變，或出現我們前面所說分手原因四點中的其中一點（第 265 至 266 頁），這段感情的失敗只會是必然的結果。

　　而如果順利復合了，進行問題的面對及改變，下一步要進行的則是「關係修補」，重新為感情加溫，尤其要與以前的舊景舊情連結，去表達你對她「如數家珍」的在乎。

　　例如：

(1) 還記得這地方我們在一起一週年時來過嗎？那時你最喜歡這間餐廳的蜜糖吐司。

(2) 還記得在我們剛在一起三個月的時候，有在這邊拍過照嗎？那時的妳好美，到現在看見照片都還是有觸電的感覺。

　　一定要讓這個過程是開心的，過程中曾經爭吵過的事，又或是對於彼此個性的怨懟責怪；盡量不計前嫌、大方的與她相處。最後能不能成功複合的點，還是跟親密接觸有

▲要挽回一切之前，先思考自己是否做好一切準備。（攝影：張筱羚）

關，在約會流程的最後，可以藉由肢體上的互動，擁抱、撫肩等漸進確認親近的程度，不要操之過急。

　　成功複合後，包含對於人生的態度上，都要比以前更加的積極，就如同我前面所提，女生都喜歡有上進心、企圖心的男生，以下幾點提醒，不要能讓自己停止進步，才能讓戀情長久。

幸福 別放手

1. 穿著：

別偷懶，不論你身邊的朋友或是同事是怎麼打扮的，你都一定要讓自己看起來自信有型。除了前章介紹的衣著改變外，也可試著 Google 關鍵字「smart casual」，不易出錯。

2. 體態：

很多人在一起久了，容易有幸福肥。其實運動也是一種生活的平衡，在本書中，我特別邀請小美教練撰文分享，（詳見第 168 至 177 頁）可以透過運動讓體型、體態隨時保持在最好的狀態。

3. 控制欲：

過強的控制欲，背後隱藏的多半是恐懼與沒自信，在自信建立的章節有提到改善方法。如果覺得靠自己的力量，克服的效果有限，請不要排斥尋求專業的心理諮商師進行協助。如果問題確定不在自己身上，而是在對方行為有逾越的情況下，你可以適當的表達自己的在乎，並進行溝通，但不要去偷看對方的手機，或是要求對方把手機或是社群

網站的帳密給你。「學習保有隱私的信任」，分際記得要拿捏好。

4. 情趣：

打情罵俏、甜言蜜語的表達，對於維持良好關係有相當的加分作用。別小看言語的力量，用美好真誠的語言嘉許你的另一半，告訴她有多讓你欣賞，畢竟自己的女人不自己寵，難到要別人來寵？

5. 講話的邏輯：

女生期待的溝通方式，有以下兩個特質：

➢ 重要的事情，先說重點或結論：

把想好的決定或安排先表達完整，再有次序的表達背後安排的邏輯與考量。（格式參考：關於 ×× 事情，我會想要這樣安排 1.2.3.……因為 ××××）這種溝通方式也很適用於工作，誠心的推薦給你。

生活小提醒

人都討厭被碎念，如果在金錢觀、生活習慣、價值觀

有摩擦或衝突，可以適度的提醒或討論。「為什麼妳會這麼想／這麼做？有沒有更好的方式？我覺得怎樣做會更好，妳覺得呢？」

保持開放的態度溝通，不要一下子為對方貼上標籤，也許你的先入為主，已經誤解對方的原意了！

一連串的改變方案，是否忍不住想「怎麼都是我要改，那她不用改什麼嗎？」如果會這麼想很正常，畢竟對於要做出改變的一方，項項都是挑戰，但絕不是在指責你一無是處，而是學習讓相處更有彈性。

這些改變並不容易，但都會成為你的一部分，無論是對眼前的對象或是未來的其他對象，都是適用的。因此既然是自己的成長，所做的努力就並非是「做出付出、交換結果」，而是「獲得一個更好的自己」。對方看在眼裡，你的行動也會感染她。而開始為了這一段感情跟你，付出更多的心力與努力。

┌─ S語錄 ▶ ─────────────────

 感情沒有誰應該付出，但對等的付出才能長久！

▲別在青春的年紀，安於不飛翔的自己。(攝影：墨月嵐)

▲攝影：你好攝影工作室

肆

常見 Q&A 解答

幸福 別放手

▲兩性問題千百種，其實道理就一種。（攝影：新娘物語）

　　兩性問題百百種，從 Steven 的經驗中，最常被問到的問題裡，看看是否剛好也有你想問的呢！

Q1 追求一個女生一定要這麼複雜嗎？不能就頻繁的聯絡刷存在感就好嗎？

A 可能我們從小就被偶像劇制約了，所以大部份的男生從開始會喜歡異性的那一刻開始，都會下意識的想討好、想常常出現在女生面對、想展現自己、想為

女生送宵夜⋯⋯等並不是說這樣的方法一定不管用，而是這樣的方法無法讓對方知道「真正的你」，反而容易讓這些付出與價值不對等。讓對方是因為知道你的特質，而被你吸引，才是美好愛情的正確開端。

現在會覺得麻煩，只是因為不習慣，但根據 90％ 輔導過的學員反饋，學會吸引跟做好形象展示，反而讓他的桃花變的更簡單、順利。對女方的存在感是必須的，但千萬不要過度。過度容易引起對方的反感，甚至最後得到被已讀不回或是不讀不回的結果。

Q₂ 在一起之前一定要發生關係嗎？如果不發生就不能在一起嗎？

A 發生關係這件事，重點是「意願與責任」，而不是時間。並且確定自己願意主動承諾對方的心意與保護對方。並且互動到一個程度，去感受女生對親密關係的需求。需要認真看待但別太過緊張，感覺到了就讓它自然發生。

幸福 別放手

 在一起需要告白嗎？怎麼樣的方式才算是告白？

A 我們建議的告白，跟一般傳統所知道的不太一樣，一般的告白是很謹慎地說出自己的心意，同時問對方是否願意當自己的女友。這方法當然也是有人成功交往的，但是拿捏錯時機，反而會把女生推走，因為這方法非常正式，會讓女生有要給承諾的感覺。如果女生對於你是有些好感的，但又還不到非常喜歡的時候，反而會因太早講明，卻喪失了曖昧不確定的感覺。

所以 Steven 推薦的告白就是：「表達你真正的心意即可」，例如：你今天的穿著讓我有一種戀愛的感覺、很久沒遇到這麼樣我有感覺的女生了、妳這麼可愛，我怕會忍不住愛上妳等⋯⋯這些都是會讓對方一聽就懂，但又沒有很正式的要對方下決定的一種表達方式。

 我木訥、但溫柔、善良，為何女生說我無趣？

A 因為有趣的人，積極性與學習性強烈，會讓人產生好奇心，在表達上會比較直接，而溫柔善良，

與活潑自信的特質並不衝突，喜歡帶狗狗到處跑的陽光男，就是例子。木訥溫柔是俗話說的「古意」，不善於表達的你，讓善良與溫柔也隱沒在你的木訥中，你的特質需要被表現才能讓別人感受到。你可能會問，難道我不能做自己嗎？「做自己」當然可以，但如果你是既不滿意現在的狀態，又放棄開發自己不同可能的面向，那也不算是真正的做自己，事實上是只想躲在舒適圈逃避「表達自己」的挑戰。人都需要透過表達，來了解彼此，而非讀心術。有趣而非無聊的人生，是藉由對生命的熱情所創造的，畢竟沒有人會喜歡跟個死氣沉沉的人交往。

Steven 的建議是在喜歡的對象面前，要釋放自己內心的包袱，學會撒嬌、學會適時的搞笑、學會懂得跟對方調情，才會讓她發現你不為人知的那一面。

如何判斷女生是喜歡我的？

這個問題應該從 14 至 45 歲的人，都曾經問過我，那該如何判斷呢？

(1) 會找機會跟你互動，例如：對你提問、請你幫忙等……

(2) 會主動的找你聊天（但不是指你昨晚聊的她隔天回這樣），是主動的開話題。

(3) 會找理由碰面，例如：知道你出國回來了，會跟你要小禮物。

(4) 出去時總會靠很近，或是說話時笑點很低。

(5) 很專注的聽你講話，眼神不會亂飄，不滑手機。

Q6 我都已經付出這麼多了，為什麼女生還是沒有感覺？

A 感情中並不是誰的投入多，就可以贏者全拿！感情是互相吸引而不是追求，讓對方感受到你有她想要的特質，如果你沒有那也強求不來，當你明確的表達自己的特質時，自然也會有其他對象會被你吸引。

Q7 我不高不帥，改變形象有用嗎？一定要靠外表來吸引對方嗎？

A 外表不是絕對，但在第一印象的分數上也佔了 55％（如前面的 7/38/55 定律所說）。不高一樣可以穿的很有型，就像 Steven 也是一個不滿 170 公分的人，但我利用視覺輔助穿搭的技巧，讓自己比例變好，只要有心，人人可以變型男。

Q8 如果我愛上有小孩的單親媽媽，該怎麼讓她愛上我？

A 單親媽媽其實對於感情會更慎重，尤其孩子若還年幼，一定會以孩子為優先。除了經營與她的感情要相當認真外，還要能與她的孩子相處融洽。多關心孩子的教育話題，及創造跟她的小孩互動相處的機會，並且適時的表達你的珍惜與在乎對她重要的人事物，真誠相伴才是不二法門。

Q9 追求失敗了，就沒有機會了嗎？

A 追求失敗未必以後沒機會，可能是短期內，在你身上看不到她理想對象的特質。如果你對她有特

殊的堅持，就多留點時間給對方，讓她有時間多觀察你，去確認自己的心意。或是有些特質像是成熟穩重、歷練感等，這些需要由環境和時間來訓練你，所以也急不得。好好的在生活裡認真踏實的進步，去到哪裏你都會發光！

Q10 如何追求名花有主的女人？

A 有男友的狀態，不見得他們的相處品質是良好的，站在朋友的角度去陪伴與理解她的一切。同時從互動的過程中，找尋她現有感情沒有被滿足的點，例如：男友對她都不體貼、男友很大男人主義、男友管很多……等這時你再依這些了解到的資訊，去改變你跟她互動的方式，並且適時的表達你的好感，讓她發現自己可以有更好的選擇。但不能有得失心，因為畢竟他們還是在一起的，如果這時你會忍不住吃醋的話，會帶給女生很大的壓力。

作者簡介

Steven 解政錤

現職：

Lavino 形象 / 愛情顧問創辦人

經歷：

- 婚友公司客座講師：百年好合、春天會館、戀愛生活館、相親銀行
- 個人演講經歷：100 場演講以上
- 媒體報導：ASIA FM、國光幫幫忙、大紀元時報、中視 60 分鐘
- 輔導學員經歷：1000 位以上

證書：

- 戴爾卡內基學員／學長結業
- 雅仕國際形象顧問證書
- 玄奘大學視覺傳達產學合作結業
- AICI 美國國際形象顧問協會前任台灣區會員

CGA08800

更多認識 Steven 與演講邀約，請私訊 Instagram 小盒子。

作者簡介

奇蹟女神 Nana 陳南如

現職：
亞洲力量超級演說家，NCG 奇蹟系統
創始人，世界 500 強企業核心領導人

經歷：
‧電視廣告／平面模特兒‧電視節
目／活動主持人‧英文老師‧個人
演講經歷：300 場演講以上‧時尚
造型諮詢一對一服務‧曲線雕塑教
練‧組織行銷高階經理

證書：
- 億萬領袖高階培訓課程
- 完全改變 NAC 神經鍊調整術高階培訓課程
- 勇者無敵 NAC 神經鍊調整術高階培訓課程
- No1 講師班高階培訓課程
- No1 行銷學高階培訓課程
- 超級見證公開班高階培訓課程
- 邁向幸福使命高階培訓課程
- 安東尼羅賓 UPW 激發無限潛能走火課程
- 若水文創超級主持人實戰特訓班特優學員
- MMI 有錢人想的和你不一樣三天密集改造計畫

粉絲專頁：
https://www.facebook.com/NanaXiaoNan/

作者簡介

彭士豪

現職：
RRT 健身體適能空間（負責人／私人教練）

經歷：
1. 大型健身房業務專員
2. DADA 百貨專櫃店長
3. 健身房個人教練
4. 私人武術館體適能教練
5. 健身營養俱樂部總教練

證書：
AFAA 私人教練證照、特殊族群體適能
運動刮痧、功能性解剖、運動營養課程、運動療癒按摩
孕婦體適能、高強度間歇訓練、轉式教練學、運動矯正專家
NASM CES

健身資訊請掃碼詢問

國家圖書館出版品預行編目資料

幸福 別放手 / 解政錤, 陳南如作. -- 初版. -- 臺北
市：商訊文化，2020.07
　　面；　　公分

ISBN　978-986-5812-88-1（平裝）

1. 戀愛　2. 兩性關係

544.37　　　　　　　　　　　　　　109009947

商訊叢書系列 | YS09938

幸福 別放手

作　　者／解政錤、陳南如
出版總監／張慧玲
編製統籌／吳錦珠
封面設計／柯明鳳
封面攝影／墨月嵐
內頁設計／唯翔工作室
攝　　影／你好攝影工作室、墨月嵐、張筱羚
造　　型／Govin 髮藝 Walter Wei
校　　對／解政錤、陳南如、吳錦珠、羅正業

出 版 者／商訊文化事業股份有限公司
董 事 長／李玉生
副總經理／李愛芳
發行行銷／胡元玉
地　　址／台北市萬華區艋舺大道303號5樓
發行專線／02-2308-7111#5739
傳　　真／02-2308-4608
印　　刷／宗祐印刷有限公司

出版日期／2020年7月　初版一刷
定價：350元